यशोधरा

यशोधरा

मैथिलीशरण गुप्त

GYAN

Published by

Gyan Publishing House
5, Ansari Road
Daryaganj, New Delhi-110002
Phone: 011-47034999, 9811692060
E-mail: books@gyanbooks.com

Distribution Network
gyanbooks.com
India, USA, Canada, UK, Australia

ISBN: 978-93-7225-169-2 (PB)

First Published, 1919

2nd Impression 2025

Printed at: Gyan Press, Delhi.

यशोधरा

Arthur: मैथिलीशरण गुप्त

श्रीराम

यशोधरा

श्रीमैथिलीशरण गुप्त

अबला-जीवन हाय ! तुम्हारी यही कहानी—
आँचल में है दूध और आँखों में पानी !

साहित्य-सदन,
चिरगाँव (झाँसी)

शुल्क

भाई सियारामशरण,

तुम कहानियाँ लिखते-पढ़ते हो। सुनो, एक कहानी।

सन्ध्या हो रही थी। किसी गाँव के एक कृषक गृहस्थ के चत्वर पर कोई हारा-थका पथिक अपनी पोटली रखकर बैठ गया और अपने दुपट्टे के छोर से व्यजन करने लगा। गृहस्थ ने घर से निकलकर कहा—"महाराज, यहाँ ठहरने का स्थान गाँव के बाहर का शिवालय है।" आगन्तुक ने दीन भाव से कहा—"भैया, हमें कुछ न चाहिए। थके-माँदे कहाँ जायँगे? रात भर यहीं एक ओर पड़े रहने दो। सवेरे अपना मार्ग लेंगे।"

"कुछ कथा-वार्त्ता रामायण आदि कहते हो?"

"यदि इसके विना आश्रय न मिले तो कुछ सुना दूंगा।"

"तब पड़े रहो।"

गृहस्थ भीतर चला गया तनिक देर में उसका लड़का बाहर से आया। पथिक को उसी भाँति उससे भी निबटना पड़ा। परन्तु वह माता (देवी) के भजनों का प्रेमी था। पथिक ने उसके लिए भी हामी भरी।

थोड़ी देर में उसका छोटा भाई आ पहुँचा। उससे भी वही झंझट। वह आल्हा का रसिक था। पथिक को आल्हा सुनाना भी स्वीकार करना पड़ा।

रात में सब खा-पीकर बैठे। पथिक का शरीर चूर-चूर हो रहा था। इधर श्रोता अपनी अपनी कह रहे थे। गृहस्थ ने कहा—"महाराज, हो जाने दो, एक-आध चौपाई।" छोटे लड़के ने क्रम-भंग करते हुए, बड़े भाई के कुछ कहने के पहले ही कहा—"कहाँ की चौपाई? महाराज, आल्हा होने दो, मैंने पहले ही कह दिया था।" बड़े लड़के ने बिगड़कर कहा—"मूसल बदलना है हमें आल्हा से? महाराज, माता का भजन आरम्भ करो!"

सब अपनी अपनी बात के लिए हठ करने लगे। पथिक ने किसी भाँति बैठकर कहा—"भाई, मुझे लेकर क्यों आपस में कलह करते हो? लो सब सुनो—

मंगल-भवन, अमंगलहारी,
द्रवहु सो दशरथ-अजिर-विहारी।

यह हुई कथा !

'दिन की उवन करन की बेरा, सुरहिन वन को जाय हो माय।
इक वन लाँघ दुजे बन पहुँची तीजे सिंह दहाड़ौ हो माय !

यह हुआ माता का भजन !! और

कारी बदरिया बहन हमारी
कौंधा बीरन लगैं हमार।
आज बरस जा मोरी कनबज में
कन्ता एक रैंन रह जायं !

यह हुआ आल्हा !!! अव तो सोने दोगे ?"

कहानी तुम्हें रुची हो या नहीं, परन्तु तुम अकेले ही मेरे लिए उस गृहस्थ के सम्मिलित कुटुम्ब हो रहे हो ! मेरी शक्ति का विचार किये विना ही मुझसे ऐसे ही अनुरोध किया करते हो। कविता लिखो, गीत लिखो, नाटक लिखो। अच्छी बात है। लो कविता, लो गीत, लो नाटक और लो गद्य-पद्य, तुकान्त-अतुकान्त सभी कुछ, परन्तु वास्तव में कुछ भी नहीं !

भगवान् बुद्ध और उनके अमृत-तत्व की चर्चा तो दूर की बात है, राहुल-जननी के दो-चार आंसू ही तुम्हें इसमें मिल जायं तो बहुत समझना। और, उनका श्रेय भी 'साकेत' की ऊर्मिला देवी को ही

है, जिन्होंने कृपापूर्वक कपिलवस्तु के राजोपवन की ओर मुझे संकेत किया है।

हाय ! यहाँ भी वही उदासीनता ! अमिताभ की आभा में ही उनके भक्तों की आँखें चौंधिया गईं और उन्होंने इधर देखकर भी न देखा। सुगत का गीत तो देश-विदेश के कितने ही कवि-कोविदों ने गाया है, परन्तु गर्विणी गोपा की स्वतन्त्र-सत्ता और महत्ता देखकर मुझे शुद्धोदन के शब्दों में यही कहना पड़ा है कि—

गोपा विना गौतम भी ग्राह्य नहीं मुझको।

अथवा तुम्हारे शब्दों में मेरी वैष्णव-भावना ने तुलसीदल देकर यह नैवेद्य बुद्धदेव के सम्मुख रक्खा है। कविराजों के राज-भोग-व्यंजन मैं कहाँ पाऊँगा ? देखूँ, वे इस अकिञ्चन की यह 'खिचड़ी' स्वीकार करते हैं या नहीं !

लो भाई, तुम्हें इससे सन्तोष हो या नहीं, तुम्हारे अधिकार का शुल्क चुकाने की चेष्टा मैंने अवश्य की है। स्वतिरस्तु।

चिरगांव प्रबोधिनी १९८९	तुम्हारा मैथिलीशरण

कथा-सूत्र

कपिलवस्तु के महाराज शुद्धोदन के पुत्र रूप में भगवान् बुद्धदेव का अवतार हुआ था। उनकी जननी मायादेवी उन्हें जन्म देकर ही मानो कृतकृत्य होकर मुक्ति पा गईं। शुद्धोदन की दूसरी रानी नन्द-जननी महाप्रजावती ने उनका लालन-पालन किया।

उनका नाम सिद्धार्थ और गौतम भी था। सिद्धि-लाभ करके वे बुद्ध कहलाये। सुगत तथागत और अमिताभ आदि और भी उनके अनेक नाम हैं।

बाल्यकाल से ही उनमें वीतराग के लक्षण प्रकट होने लगे थे। शिक्षा प्राप्त करने पर उनकी और भी वृद्धि हुई। शुद्धोदन को चिन्ता हुई और उन्हें संसारी बनाने के लिए उन्होंने उनका ब्याह कर देना ही ठीक समझा। खोज और परीक्षा करने पर देवदह की राजकुमारी यशोधरा ही जिसे गोपा भी कहते हैं, उनकी वधू बनने योग्य सिद्ध हुई।

यशोधरा के पिता महाराज दण्डपाणि ने सम्बन्ध स्वीकार करने के पहले वर की विद्या-बुद्धि के साथ उसके बल-वीर्य की भी परीक्षा लेनी चाही। सिद्धार्थ ने शास्त्र-शिक्षा के साथ ही साथ शस्त्र-शिक्षा भी ग्रहण की थी। परन्तु शास्त्र की ओर ही पुत्र का मनोयोग समझकर पिता को कुछ चिन्ता हुई। तथापि कुमार सब परीक्षाओं में अनायास ही उत्तीर्ण हो गये। "टूटत ही धनु भयेहु विवाहू" के अनुसार यशोधरा के साथ उनका विवाह हो गया।

पिता ने उनके लिए ऐसा प्रासाद बनवाया था जिसमें सभी ऋतुओं के योग्य सुख के साधन एकत्र थे। किसी राग-रंग और आमोद-प्रमोद की कमी न थी। परन्तु भगवान् तो इसके लिए अवतीर्ण हुए नहीं थे। पिता का प्रबन्ध था कि जो कुछ स्वस्थ, शोभन और सजीव हो उसीपर उनकी दृष्टि पड़े। परन्तु एक दिन एक रोगी को, दूसरे दिन एक वृद्ध को और तीसरे दिन एक मृतक को देखकर, संसार की इस गति पर गौतम को बड़ी ग्लानि एवं करुणा आई और उन्होंने इसका उपाय खोजने के लिए एक दिन अपना घर छोड़ दिया। उनके उस प्रयाण को महाभिनिष्क्रमण कहते हैं।

तब तक उनके एक पुत्र भी हो चुका था। उसका नाम था राहुल। अभी उसके जन्म का उत्सव भी पूरा न हुआ था कि कपिलवस्तु में उनके गृह-त्याग का शोक छा गया।

रात को अपने सेवक छन्दक के साथ कन्थक नामक अश्व पर चढ़कर वे चल दिये।

जिस प्रकार रुग्ण, वृद्ध और मृतक को देखकर वे चिन्तित हुए थे उसी प्रकार एक दिन एक तेजस्वी संन्यासी को देख कर उन्हें सन्तोष भी हुआ था। अपने राज्य की सीमा पर पहुँचकर उन्होंने राजकीय वेश-भूषा छोड़कर संन्यास धारण कर लिया और रोते हुए छन्दक को कपिलवस्तु लौटा दिया। सब के लिए उनका यही सन्देश था कि मैं सिद्धि-लाभ करके लौटूंगा।

सिद्धार्थ वैशाली और राजगृह में विद्वानों का सत्संग करते हुए गयाजी पहुँचे। राजगृह के राजा विम्बसार ने उन्हें अपने राज्य का अधिकार तक देकर रोकना चाहा, परन्तु वे तो स्वयं अपना राज्य छोड़कर आये थे। हाँ, सिद्धि-लाभ करके विम्बसार को दर्शन देना उन्होंने स्वीकार कर लिया।

राजगृह से पाँच ब्रह्मचारी भी तप करने के लिए उनके साथ हो लिये थे, जो पंचभद्रवर्गीय के नाम से प्रसिद्ध हैं।

निरंजना नदी के तीर पर गौतम ने तपस्या आरम्भ कर दी। बरसों तक वे कठोर साधन करते रहे परन्तु सिद्धि का समय अभी नहीं आया था।

उनका विगलितवसन-शरीर आतप, वर्षा, शीत और क्षुधा के कारण ऐसा अवश और जड़ हो गया कि चलना फिरना तो दूर,

उसमें हिलने डुलने की भी शक्ति न रह गई। विचार करने पर उन्हें यह मार्ग उपयुक्त न जान पड़ा और उन्होंने मिताहार स्वीकार करके योग-साधन करना उचित समझा। किन्तु उनके साथी पाँचों भिक्षुओं ने उन्हें तपोभ्रष्ट समझकर उनका साथ छोड़ दिया।

गौतम ने उनकी निन्दा पर दृक्पात भी नहीं किया। वे निन्दास्तुति से ऊपर उठ चुके थे, परन्तु निर्बलता के कारण वे भिक्षा करने के लिए भी न जा सकते थे। इधर उनके शरीर पर वस्त्र भी न था। उसकी उन्हें आवश्यकता भी न थी। परन्तु लोक में भिक्षा करने के लिए जाने पर लोक की मर्यादा का विचार वे कैसे छोड़ते?

किसी प्रकार खिसककर पास के श्मशान से एक वस्त्र उन्होंने प्राप्त किया और उसे धारण कर लिया।

गाँव की कुछ लड़कियाँ उन्हें कुछ आहार दे जातीं थीं। उसीसे उनमें चलने फिरने की शक्ति आ गई। सुजाता नाम की एक स्त्री ने उन्हें बड़ी सुस्वाद खीर भेंट की थी। उसे खाकर, कहते हैं, भगवान् बहुत तृप्त हुए थे।

एक दिन निरंजना नदी को पार कर उन्होंने एकान्त में एक अश्वत्थ वृक्ष देखा। यह स्थान उन्हें समाधि के लिए बहुत उपयुक्त जान पड़ा। अन्त में वही बोधि-वृक्ष कहलाया और वहीं

समाधि में निर्वाण का तत्व उनको दृष्टिगोचर हुआ।

इसके पहले स्वयं मार (कामदेव) ने उन्हें उस मार्ग से विरत करना चाहा। क्योंकि वह विषयों का विरोधी मार्ग था। सुन्दरी अप्सराएँ उनके सामने प्रकट हुईं। परन्तु वे ऐसे ऋषि-मुनि न थे जो डिग जाते।

मार ने लुभाने की ही चेष्टा नहीं की, वल्कि उन्हें डराया धमकाया भी। कितनी ही विभीषिकाएँ उनके सामने आईं, परन्तु वे अटल रहे।

स्वयं जीवन्मुक्त होकर भगवान् ने जीवमात्र के लिए मुक्ति का मार्ग खोल दिया।

कर्मकाण्ड के आडम्बर की अपेक्षा सदाचार को उन्होंने प्रधानता दी और यज्ञों के नाम से होने वाली जीव-हिंसा का घोर विरोध किया।

जो पाँच भिक्षु उनका साथ छोड़कर चले गये थे उन्हींको सबसे पहले भगवान् के उपदेश सुनने का सौभाग्य प्राप्त हुआ। संसार भर में जिसकी धूम मच गई, काशी के समीप सारनाथ में ही आरम्भ में, उस धर्मचक्र का प्रवर्त्तन हुआ। वे भिक्षु उन दिनों वहीं थे।

रोहिणी नदी के तीर पर कपिलवस्तु में भी यह समाचार कैसे न पहुँचता? शुद्धोद्धन ने बुद्धदेव को बुलाने के लिए दूत

भेजे। परन्तु जो जो उन्हें लेने के लिए गये वे सब उनके दर्शन और उपदेश से स्वयं संसार-त्यागी होकर उनके संघ में दीक्षित हो गये। अन्त में शुद्धोदन ने अपने मन्त्रि-पुत्र को, जो सिद्धार्थ का बाल्यसखा था, उन्हें लेने के लिए भेजा। वह भी भगवान् के संघ में प्रविष्ट हो गया परन्तु शुद्धोदन से प्रतिज्ञा कर आया था, इसलिये भगवान को उनका स्मरण दिलाना न भूला।

भगवान् कपिलवस्तु पधारे। रात को वे नगर के बाहर उद्यान में रहे। सवेरे नियमानुसार भिक्षा के लिए निकले। इस समाचार से वहाँ हलचल मच गई। यशोधरा को बड़ा परिताप हुआ। शुद्धोदन ने खेदपूर्वक उनसे कहा—'क्या यही हमारे कुल की परिपाटी है ?' भगवान् ने कहा—'नहीं, यह बुद्ध-कुल की परिपाटी है।'

भगवान् राजप्रासाद में धारे। सबने उनका उचित स्वागत समादर किया। परन्तु यशोधरा उस समारोह में सम्मिलित न हुई। उससे कहा गया तो उसने यही कहा—'भगवान की मुझ पर कृपा होगी तो वे स्वयं ही मेरे समीप पधारेंगे।' अन्त में भगवान् ही उसके निकट गये और उस समय भी इस महीयसी महिला ने उन्हें राहुल का दान देकर अपने महत्त्याग का परिचय दिया।

———

श्रीगणेशाय नमः

यशोधरा

मंगलाचरण

राम, तुम्हारे इसी धाम में
नाम-रूप-गुण-लीला-लाभ;
इसी देश में हमें जन्म दो,
लो, प्रणाम हे नीरजनाभ।
धन्य हमारा भूमि-भार भी,
जिससे तुम अवतार धरो;
भुक्ति-मुक्ति माँगें क्या तुमसे,
हमें भक्ति दो, ओ अमिताभ!

सिद्धार्थ

१

घूम रहा है कैसा चक्र !
वह नवनीत कहाँ जाता है, रह जाता है तक्र ।

पिसो, पड़े हो इसमें जब तक,
क्या अन्तर आया है अब तक ?
सहें अन्ततोगत्वा कब तक—
हम इसकी गति वक्र ?
घूम रहा है कैसा चक्र !

कैसे परित्राण हम पावें ?
किन देवों को रोवें-गावें ?
पहले अपना कुशल मनावें,
वे सारे सुर-शक्र !
घूम रहा है कैसा चक्र !

बाहर से क्या जोड़ूँ-जाड़ूँ ?
मैं अपना ही पल्ला झाड़ूँ।
तब है, जब वे दाँत उखाड़ूँ,
रह भव-सागर-नक्र !
घूम रहा है कैसा चक्र !

२

देखी मैंने आज जरा !
हो जावेगी क्या ऐसी ही मेरी यशोधरा ?
हाय ! मिलेगा मिट्टी में वह वर्ण-सुवर्ण खरा ?
सूख जायगा मेरा उपवन, जो है आज हरा ?
सौ सौ रोग खड़े हों सम्मुख, पशु ज्यों बाँध परा,
धिक् ! जो मेरे रहते, मेरा चेतन जाय चरा !
रिक्त मात्र है क्या सब भीतर, बाहर भरा भरा ?
कुछ न किया, यह सूना भव भी यदि मैंने न तरा।

३

मरने को जग जीता है!
रसता है जो रन्ध्र-पूर्ण घट,
भरा हुआ भी रीता है।

यह भी पता नहीं, कब किसका
समय कहाँ आ बीता है?
विष का ही परिणाम निकलता
कोई रस क्या पीता है?

कहाँ चला जाता है चेतन,
जो मेरा मनचीता है?
खोजूँगा मैं उसको, जिसके
विना यहाँ सब तीता है।

भुवन-भावने, आ पहुँचा मैं,
अब क्यों तू यों भीता है?
अपने से पहले अपनों की
सुगति गौतमी गीता है।

४

कपिल भूमि-भागो, क्या तेरा
यही परम पुरुषार्थ हाय !
खाय-पिये, बस जिये-मरे तू ,
यों ही फिर फिर आय-जाय ?

अरे योग के अधिकारी, कह ,
यही तुझे क्या योग्य हाय !
भोग भोगकर मरे रोग में ,
बस वियोग ही हाथ आय ?

सोच हिमालय के अधिवासी ,
यह लज्जा की बात हाय !
अपने आप तपे तापों से
तू न तनिक भी शान्ति पाय ?

बोल युवक, क्या इसीलिए है
यह यौवन अनमोल हाय !
आकर इसके दाँत तोड़ दे ,
ज़रा भङ्ग कर अङ्ग-काय ?

बता जीव, क्या इसीलिए है
यह जीवन का फूल हाय !
पका और कच्चा फल इसका
तोड़ तोड़कर काल खाय ?

एक बार तो किसी जन्म के
साथ मरण अनिवार हाय !
वार वार धिक्कार, किन्तु यदि
रहे मृत्यु का शेष दाय !

अमृतपुत्र, उठ, कुछ उपाय कर,
चल, चुप हार न बैठ हाय !
खोज रहा है क्या सहाय तू ?
मेट आप हो अन्तराय।

६

पड़ो रह तू मेरो भव-भुक्ति !
मुक्ति-हेतु जाता है यह मैं, मुक्ति, मुक्ति, बस मुक्ति !
मेरा मानस-हंस सुनेगा और कौन-सो युक्ति ?
मुक्ताफल निर्द्वन्द्व चुनेगा, चुन ले कोई शुक्ति।

महाभिनिष्क्रमण

आज्ञा लूँ या दूँ मैं अकाम ?
ओ क्षणभंगुर भव, राम राम !

रख अब अपना यह स्वप्न-जाल,
निष्फल मेरे ऊपर न डाल।
मैं जागरूक हूँ, ले सँभाल—
निज राज-पाट, धन, धरणि, धाम।
ओ क्षणभंगुर भव, राम राम !

रहने दे वैभव यशःशोभ,
जब हमीं नहीं, क्या कीर्तिलोभ ?
तू क्षम्य, करूँ क्यों हाय क्षोभ,
थम, थम, अपने को आप थाम।
ओ क्षणभंगुर भव, राम राम !

क्या भाग रहा हूँ भार देख ?
तू मेरी ओर निहार देख !
मैं त्याग चला निस्सार देख,
अटकेगा मेरा कौन काम ?
ओ क्षणभंगुर भव, राम राम !

रूपाश्रय तेरा तरुण गात्र,
कह, वह कब तक है प्राण-पात्र ?
भीतर भीषण कंकाल मात्र,
बाहर बाहर है टीम-टाम।
ओ क्षणभंगुर भव, राम राम !

प्रच्छन्न रोग हैं, प्रकट भोग ;
संयोग मात्र भावी वियोग !
हा लोभ-मोह में लीन लोग,
भूले हैं अपना अपरिणाम !
ओ क्षणभंगुर भव, राम राम !

यह आर्द्र-शुष्क, यह उष्ण-शीत,
यह वर्त्तमान, यह तू व्यतीत !
तेरा भविष्य क्या मृत्यु-मीत ?
पाया क्या तूने घूम-घाम ?
ओ क्षणभंगुर भव, राम राम !

मैं सूंघ चुका वे फुल्ल फूल,
झड़ने को हैं सब झटित भूल।
चख देख चुका हूँ मैं, समूल—
सड़ने को हैं वे, अखिल आम !
ओ क्षणभंगुर भव, राम राम !

सुन सुनकर, छू छूकर अशेष,
मैं निरख चुका हूँ र्निनिमेष,
यदि राग नहीं, तो हाय! द्वेष,
चिर-निद्रा की सब झूम-झाम।
ओ क्षणभंगुर भव, राम राम !

उन विषयों में परितृप्ति ? हाय !
करते हैं हम उलटे उपाय।
खुजलाऊँ मैं क्या बैठ काय ?
हो जाय और भी प्रबल पाम ?
ओ क्षणभंगुर भव, राम राम !

सब देकर भी क्या आज दीन,
अपने या तेरे निकट हीन,
मैं हूँ अब अपने ही अधीन,
पर मेरा श्रम है अविश्राम।
ओ क्षणभंगुर भव, राम राम !

इस मध्य निशा में ओ अभाग,
तुझको तेरे ही अर्थ त्याग,
जाता हूँ मैं यह वीतराग।
दयनीय, ठहर तू क्षीण-क्षाम।
ओ क्षणभंगुर भव, राम राम !

तू दे सकता था विपुल वित्त,
पर भूलें उसमें भ्रान्त चित्त।
जानें दे चिर जीवन-निमित्त,
दूँ क्या मैं तुझको हाड़-चाम?
ओ क्षणभंगुर भव, राम राम!

रह काम, क्रोध, मद, लोभ, मोह,
लेता हूँ मैं कुछ और टोह।
कब तक देखूं चुपचाप ओह!
आनें-जानें की धूम-धाम?
ओ क्षणभंगुर भव, राम राम!

हे ओक, न कर तू रोक-टोक,
पथ देख रहा है आर्त्त लोक,
मेटूँ मैं उसका दुःख-शोक,
बस, लक्ष्य यही मेरा ललाम।
ओ क्षणभंगुर भव, राम राम!

मैं त्रिविध-दुःख-विनिवृत्ति-हेतु
बाँधूँ अपना पुरुषार्थ-सेतु ;
सर्वत्र उड़े कल्याण-केतु ,
तब है मेरा सिद्धार्थ नाम !
ओ क्षणभंगुर भव, राम राम !

वह कर्म-काण्ड-ताण्डव-विकास ,
वेदी पर हिंसा-हास-रास ,
लोलुप-रसना का लोल-लास ,
तुम देखो ऋग्, यजु और साम !
ओ क्षणभंगुर भव, राम राम !

आ, मित्र-चक्षु के दृष्टि-लाभ ,
ला, हृदय-विजय-रस-वृष्टि-लाभ ।
पा, हे स्वराज्य, बढ़ सृष्टि-लाभ ,
जा दण्ड-भेद, जा साम-दाम ।
ओ क्षणभंगुर भव, राम राम !

तब जन्मभूमि, तेरा महत्त्व ,
जब मैं ले आऊँ अमृत-तत्त्व ।
यदि पा न सके तू सत्य-सत्त्व ,
तो सत्य कहाँ ? भ्रम और आभ !
ओ क्षणभंगुर भव, राम राम !

हे पूज्य पिता, माता, महान ,
क्या मागूँ तुमसे क्षमा-दान ?
क्रन्दन क्यों ? गाओ भद्र-गान ,
उत्सव हो पुर-पुर, ग्राम-ग्राम ।
ओ क्षणभंगुर भव, राम राम !

हे मेरे प्रतिभू, तात नन्द ,
पाऊं यदि मैं आनन्द-कन्द ,
तो क्यों न उसे लाऊँ अमन्द ?
तू तो है मेरे ठौर - ठाम ।
ओ क्षणभंगुर भव, राम राम !

अयि गोपे, तेरी गोद पूर्ण,
तू हास - विलास - विनोद - पूर्ण !
अब गौतम भी हो मोद-पूर्ण,
क्या अपना विधि है आज वाम ?
ओ क्षणभंगुर भव, राम राम !

क्या तुझे जगाऊँ एक वार ?
पर है अब भी अप्राप्त सार ;
सो, अभी स्वप्न ही तू निहार,
है शुभे, श्वेत के साथ श्याम।
ओ क्षणभंगुर भव, राम राम !

राहुल, मेरे ऋण-मोक्ष, माप !
लाऊँ मैं जब तक अमृत आप,
माँ ही तेरी माँ और बाप ;
दुल, मातृ-हृदय के मृदुल दाम !
ओ क्षणभंगुर भव, राम राम !

यह घन तम, सन सन पवन-जाल ,
भन भन करता यह काल-व्याल ,
मूर्च्छित विषाक्त वसुधा विशाल !
भय, कह, किस पर यह भूरि भाम ?
ओ क्षणभंगुर भव, राम राम !

छन्दक, उठ, ला निज वाजिराज ,
तज भय-विस्मय, सज शीघ्र साज ।
सुन, मृत्यु-विजय-अभियान आज !
मेरा प्रभात यह रात्रि-याम ।
ओ क्षणभंगुर भव, राम राम !

वह जन्म-मरण का भ्रमण-भाण ,
मैं देख चुका हूँ अपरिमाण ।
निर्वाण-हेतु मेरा प्रयाण ;
क्या वात-वृष्टि, क्या शीत-घाम ।
ओ क्षणभंगुर भव, राम घाम !

हे राम, तुम्हारा वंशजात,
सिद्धार्थ, तुम्हारी भाँति, तात,
घर छोड़ चला यह आज रात,
आशीष उसे दो, लो प्रणाम।
ओ क्षणभंगुर भव, राम राम!

यशोधरा

१

नाथ, कहाँ जाते हो?
अब भी यह अन्धकार छाया है।
हा! जगकर क्या पाया,
मैंने वह स्वप्न भी गँवाया है!

२

सखि, वे कहाँ गये हैं?
मेरा बायाँ नयन फड़कता है।
पर मैं कैसे मानूँ?
देख, यहाँ यह हृदय धड़कता है।

३

आली, वही बात हुई, भय जिसका था मुझे,
    मानती हूँ उनको गहन-वन-गामी मैं,
ध्यान-मग्न देख उन्हें एक दिन मैंने कहा—
    'क्यों जी, प्राणवल्लभ कहूँ या तुम्हें स्वामी मैं?'
चौंक, कुछ लज्जित-से, बोले हँस आर्यपुत्र—
    'योगेश्वर क्यों न होऊँ, गोपेश्वर नामी मैं?
किन्तु चिन्ता छोड़ो, किसी अन्य का विचार करूँ,
    तो हूँ जार पीछे, प्रिये! पहले हूँ कामी मैं!'

४

कह आली, क्या फल है
    अब तेरी उस अमूल्य सज्जा का?
मूल्य नहीं क्या कुछ भी
    मेरी इस नग्न लज्जा का!

६

सिद्धि-हेतु स्वामी गये, यह गौरव की बात ;
पर चोरी-चोरी गये, यही बड़ा व्याघात।

सखि, वे मुझसे कहकर जाते,
कह, तो क्या मुझको वे अपनी पथ-बाधा ही पाते ?

मुझको बहुत उन्होंने माना,
फिर भी क्या पूरा पहचाना ?
मैंने मुख्य उसीको जाना,
जो वे मन में लाते।
सखि, वे मुझसे कहकर जाते।

स्वयं सुसज्जित करके क्षण में
प्रियतम को, प्राणों के पण में,
हमीं भेज देती हैं रण में,—
क्षात्र-धर्म के नाते।
सखि, वे मुझसे कहकर जाते।

हुआ न यह भी भाग्य अभागा,
किस पर विफल गर्व अब जागा?
जिसने अपनाया था, त्यागा;
रहें स्मरण ही आते!
सखि, वे मुझसे कहकर जाते।

नयन उन्हें हैं निष्ठुर कहते,
पर इनसे जो आँसू बहते,
सदय हृदय वे कैसे सहते?
गये तरस ही खाते!
सखि, वे मुझसे कहकर जाते।

जायँ, सिद्धि पावें वे सुख से,
दुखी न हों इस जन के दुख से,
उपालम्भ दूँ मैं किस मुख से ?
आज अधिक वे भाते !
सखि, वे मुझसे कहकर जाते ।

गये, लौट भी वे आवेंगे,
कुछ अपूर्व-अनुपम लावेंगे,
रोते प्राण उन्हें पावेंगे,
पर क्या गाते गाते,
सखि, वे मुझसे कहकर जाते ।

६

प्रियतम ! तुम श्रुति-पथ से आये ।
तुम्हें हृदय में रखकर मैंने अधर-कपाट लगाये ।

मेरे हास-विलास ! किन्तु क्या भाग्य तुम्हें रख पाये ?
दृष्टि-मार्ग से निकल गये ये तुम रसमय मनभाये !
प्रियतम ! तुम श्रुति-पथ से आये ।

यशोधरा क्या कहे और अब, रहो कहीं भी छाये,
मेरे ये निःश्वास व्यर्थ, यदि तुमको खींच न लाये ।
प्रियतम ! तुम श्रुति-पथ से आये ।

७

नाथ, तुम
जाओ, किन्तु लौट आओगे, आओगे, आओगे।
नाथ, तुम
हमें विना अपराध अचानक छोड़ कहाँ जाओगे ?
नाथ, तुम
अपनाकर सम्पूर्ण सृष्टि को मुझे न अपनाओगे ?
नाथ, तुम
उसमें मेरा भी कुछ होगा, जो कुछ तुम पाओगे।

८

सास-ससुर पूछेंगे
तो उनसे क्या अभी कहूँगी मैं ?
हा ! गर्विता तुम्हारी
मौन रहूँगी, सहूँगी मैं।

९

मैं आप विना घूंघट के
आई उदार इस घर में।
मुहं किन्तु छिपा कर अटके
तुम किस दुरन्त अन्तर में ?

नन्द

आर्य, यह मुझपर अत्याचार !
राज्य तुम्हारा प्राप्य, मुझे ही था तप का अधिकार !

छोड़ा मेरे लिए हाय ! क्या तुमने आज उदार ?
कैसे भार सहेगा सम्प्रति, राहुल है सुकुमार ?
आर्य, यह मुझपर अत्याचार !

नन्द तुम्हारी थाती पर ही देगा सब कुछ वार,
किन्तु करोगे कब तक आकर तुम उसका उद्धार ?
आर्य, यह मुझपर अत्याचार !

महाप्रजावती

मैंने दूध पिलाकर पाला।
सोती छोड़ गया पर मुझको वह मेरा मतवाला !

कहाँ न जाने वह भटकेगा,
किस झाड़ी में जा अटकेगा।
हाय ! उसे काँटा खटकेगा,
वह है भोला-भाला।
मैंने दूध पिलाकर पाला।

निकले भाग्य हमारे सूने,
वत्स, दे गया तू दुख दूने,
किया मुझे कैकेयी तूने;
हा कलङ्क यह काला!
मैंने दूध पिलाकर पाला।

कह, मैं कैसे इसे सहूँगी?
मरकर भी क्या बची रहूँगी?
जीजी से क्या हाय! कहूँगी?
जीते जी यह ज्वाला।
मैंने दूध पिलाकर पाला।

जरा आ गई यह क्षण भर में,
बैठी हूँ मैं आज डगर में?
लकड़ी तो ऐसे अवसर में
देता जा ओ लाला!
मैंने दूध पिलाकर पाला।

शुद्धोदन

१

मैंने उसके अर्थ यह, रूपक रचा विशाल,
किन्तु भरी खाली गई, उलट गया वह ताल।

चला गया रे, चला गया!
छला न जाय हाय! वह यह मैं
छला गया रे, छला गया!
चला गया रे, चला गया!

खींचा मैंने गुण-सा तान,
निकल गया वह बाण-समान!
ममते तेरा, मान महान
दला गया रे, दला गया!
चला गया रे, चला गया!

स्वस्थ देह-सा था यह गेह,
गया प्राण-सा वह निस्स्नेह!
अश्रु! व्यर्थ है अब यह मेह,
जला गया रे, जला गया!
चला गया रे, चला गया!

उसे फूल-सा रक्खा पाल,
गया गन्ध-सा वह इस काल!
यह विष-फल, काँटे-सा साल,
फला गया रे, फला गया!
चला गया रे, चला गया!

धिक्! सब राज-पाट, धन-धाम,
धन्य उसीका लक्ष्य ललाम!
किन्तु कहूँ कैसे हे राम!
भला गया रे, भला गया!
चला गया रे, चला गया!

२

शुद्धोदन—

धीरा है यशोधरे, तू, धैर्य कैसे मैं धरूं?
तू ही बता, उसके लिए मैं आज क्या करूँ?

यशोधरा—

उनको सफलता मनाओ तात, मन से,—
सिद्धि-लाभ करके वे लौटें शीघ्र वन से।

शुद्धोदन—

तू क्या कहती है बहू, पाऊं मैं जहाँ कहीं,
चतुर चरों को भेज खोजूं भी उसे नहीं?

यशोधरा—

तात, नहीं !

शुद्धोदन—

कैसी बात ? बेटी, यह भूल है।

यशोधरा—

किन्तु खोज करना उन्होंके प्रतिकूल है।

शुद्धोदन—

कैसे ?

यशोधरा—

तात सोचो, क्या गये वे इसी अर्थ हैं,
खोज हम लावें उन्हें, क्या वे असमर्थ हैं ?

शुद्धोदन—

बेटी, वह प्रौढ़ है क्या ? वत्स भोला - भाला है।

यशोधरा—

पा लिया उन्होंने किन्तु ज्ञान का उजाला है।

शुद्धोदन—

गोपे, यह गर्व और मान क्या उचित है ?

यशोधरा—

जो मैं कहती हूँ तात, हाय वही हित है।

शुद्धोदन—

जान पड़ती तू आज मुझको कठोर है।

यशोधरा—

धर्म लिये जाता मुझे आज उसी ओर है।

शुद्धोदन—

तू है सती, मान्य रहे इच्छा तुझे पति को,
मैं हूँ, पिता, चिन्ता मुझे पुत्र की प्रगति की।
भूला वह भोला, उठा रक्खूं क्या उपाय मैं?

यशोधरा—

उनसे भी भोला तुम्हें देखती हूँ हाय मैं!

पुरजन

१

भाई रे! हम प्रजाजनों का हाय! भाग्य ही खोटा!
दिखा दिखाकर लाभ अन्त में आ पड़ता है टोटा!

रोते रहे सभी पुर परिजन,
राज्य छोड़कर राम गये वन,
पड़ा रहा वह धाम-धरा-धन,
खड़ा रहा परकोटा?
भाई रे! हम प्रजाजनों का हाय! भाग्य ही खोटा!

गये आज सिद्धार्थ हमारे,
जो थे इन प्राणों के प्यारे;
भार मात्र कोई अब धारे,
राज्य धूल में लोटा?
भाई रे! हम प्रजाजनों का हाय! भाग्य ही खोटा!

हम हों कितने ही अनुरागी,
हुए आज वे सब कुछ त्यागी,
कैसे उस विभूति का भागी
होता यह घर छोटा?
भाई रे! हम प्रजाजनों का हाय! भाग्य ही खोटा!

२

लो, यह छन्दक आया,
पर कन्थक शून्य पृष्ठ क्यों आया?
हे भगवान! न जानें,
कौन समाचार, यह लाया?

छन्दक

१

कहूँ और क्या भाई !
आना पड़ा मुझे, मैं आया, मुझको मृत्यु न आई !

मारो तुम्हीं मुझे, मर जाऊँ सुख से राम-दुहाई,
झूठ कहूँ तो सुगति न देवे मुझको, गंगा माई।

जोग-भ्रष्ट थे आर्य, उसीकी धुन थी उन्हें समाई,
राज्य छोड़ संन्यास ले गये, रज ही हाय रमाई !

सोनें का सुमेरु भी उनके निकट हुआ था राई,
अस्त्र, वस्त्र-भूषण क्या, उनको नहीं शिखा भी भाई !

२

हाय ! काट डाले वे केश !
चिकने-चुपड़े, कोमल-कच्चे, सच्चे सुरभि-निवेश।

शोभित ही रहता है शोभन, रख ले कोई वेश ;
दिया समान उन्होंने सबको आशा का सन्देश।

'करे न कोई मेरी चिन्ता, नहीं मुझे भय-लेश,
सिद्धि-लाभ करके मैं फिर भी लौटूंगा निज देश।

सह सकता मैं नहीं किसीका जन्म-जन्म का क्लेश,
तुम अपनें हो, जीव मात्र का हित मेरा उद्देश।'

यशोधरा

१

जाओ, मेरे सिर के बाल !
आलि, कर्त्तरी ला, मैंने क्या पाले काले व्याल ?

उलझें यहाँ न ये आपस में सुलझें वे व्रत-पाल ;
डसें न हाय ! मुझे एड़ी तक विस्तृत ये विकराल ।

कसें न और मुझे अब आकर हेमहीर, मणिमाल ,
चार चूड़ियाँ ही हाथों में पड़ी रहें चिरकाल ।

मेरी मलिन गूदड़ी में भी है राहुल-सा लाल !
क्या है अंजन-अंगराग, जब मिली विभूति-विशाल ?

बस, सिन्दूर-विन्दु से मेरा जगा रहे यह भाल ,
वह जलता अंगार जला दे उनका सब जंजाल ।

२

आज नया उत्सव है,
धन्य अहा! इस उमङ्गी का क्या कहना?
सूनी अँखियों ने भी
निरख सखी, क्या अपूर्व गहना पहना!

३

वर्त्तमान मेरा अहा! है अतीत का ध्यान;
किन्तु हाय! इस ज्ञान से अच्छा था अज्ञान!

४

यह जीवन भी यशोधरा का अङ्ग हुआ,
हाय! मरण भी आज न मेरे सङ्ग हुआ!
सखि, वह था क्या सभी स्वप्न, जो भङ्ग हुआ?
मेरा रस क्या हुआ और क्या रङ्ग हुआ?

६

मिला न हा ! इतना भी योग,
मैं हँस लेती तुझे वियोग !
देती उन्हें बिदा मैं गाकर,
भार झेलती गौरव पाकर,
यह निःश्वास न उठता हा कर,
बनता मेरा राग न रोग,
मिला न हा ! इतना भी योग।
पर वैसा कैसे होना था ?
वह मुक्ताओं का बोना था।
लिखा भाग्य में तो रोना था—
यह मेरे कर्मों का भोग !
मिला न हा ! इतना भी योग।
पहुँचाती मैं उन्हें सजाकर,
गये स्वयं वे मुझे लजाकर।
लूंगी कैसे ?—वाद्य बजाकर
लेंगे जब उनको सब लोग।
मिला न हा ! इतना भी योग।

९

दूँ किस मुहँ से तुम्हें उलहना ?
नाथ, मुझे इतना ही कहना।

हाय ! स्वार्थिनी थी मैं ऐसी, रोक तुम्हें रख लेती ?
जहाँ राज्य भी त्याज्य, वहाँ मैं जाने तुम्हें न देती ?
आश्रय होता या वह बहना ?
नाथ, मुझे इतना ही कहना।

बिदा न लेकर स्वागत से भी वंचित यहाँ किया है ;
हन्त ! अन्त में यह अविनय भी तुमने मुझे दिया है।
जैसे रक्खो, वैसे रहना !
नाथ, मुझे इतना ही कहना।

ले न सकेगी तुम्हें वही बढ़ तुम सब कुछ हो जिसके ,
यह लज्जा, यह क्षोभ भाग्य में लिखा गया कब, किसके ?
मैं अधीन, मुझको सब सहना।
नाथ, मुझे इतना ही कहना।

७

अब कठोर हो वज्रादपि ओ कुसुमादपि सुकुमारी !
आर्यपुत्र दे चुके परीक्षा, अब है मेरी वारी ।

मेरे लिए पिता ने सबसे धीर-वीर वर चाहा,
आर्यपुत्र को देख उन्होंने सभी प्रकार सराहा ।
फिर भी हठकर हाय ! वृथा ही उन्हें उन्होंने थाहा,
किस योद्धा ने बढ़कर उनका शौर्य-सिन्धु अवगाहा ?
क्योंकर सिद्ध करूं अपने को मैं उन नर की नारी ?
आर्यपुत्र दे चुके परीक्षा, अब है मेरी वारी ।

देख कराल काल-सा जिसको काँप उठे सब भय से,
गिरे प्रतिद्वन्द्वी नन्दार्जुन, नागदत्त जिस हय से,
वह तुरंग पालित-कुरंग-सा नत हो गया विनय से,
क्यों न गूंजती रंगभूमि फिर उनके जय जय जय से ?
निकला वहाँ कौन उन जैसा प्रबल-पराक्रमकारी ?
आर्यपुत्र दे चुके परीक्षा, अब है मेरी वारी ।

सभी सुन्दरी बालाओं में मुझे उन्होंने माना ;
सबने मेरा भाग्य सराहा, सबने रूप बखाना,
खेद, किसीने उन्हें न फिर भी ठीक ठीक पहचाना,
भेद चुने जाने का अपने मैंने भी अब जाना।
इस दिन के उपयुक्त पात्र की उन्हें खोज थी सारी !
आर्यपुत्र दे चुके परीक्षा, अब है मेरी वारी।

मेरे रूप-रंग, यदि तुझको अपना गर्व रहा है,
तो उसके झूठे गौरव का तूने भार सहा है।
तू परिवर्तनशील उन्होंने कितनी वार कहा है—
'फूला दिन किस अन्धकार में डूबा और बहा है ?'
किन्तु अन्तरात्मा भी मेरा था क्या विकृत-विकारी ?
आर्यपुत्र दे चुके परीक्षा, अब है मेरी वारी।

मैं अबला ! पर वे तो विश्रुत वीर-बली थे मेरे,
मैं इन्द्रियासक्ति ! पर वे कब थे विषयों के चेरे ?
अयि मेरे अर्द्धांगि-भाव, क्या विषय मात्र थे तेरे ?
हा ! अपने अञ्चल में किसने ये अङ्गार बिखेरे ?
है नारीत्व मुक्ति में भी तो अहो विरक्ति-विहारी !
आर्यपुत्र दे चुके परीक्षा, अब है मेरी वारी।

सिद्धि-मार्ग की बाधा नारी ! फिर उसको क्या गति है ?
पर उनसे पूछूं क्या, जिनको मुझसे आज विरति है !
अर्द्ध विश्व में व्याप्त शुभाशुभ मेरी भी कुछ मति है !
मैं भी नहीं अनाथ जगत में, मेरा भी प्रभु पति है !
यदि मैं पतिव्रता तो मुझको कौन भार भय-भारी ?
आर्यपुत्र दे चुके परीक्षा, अब है मेरी वारी ।

यशोधरा के भूरि भाग्य पर ईर्ष्या करने वाली ,
तरस न खाओ कोई उस पर, आओ भोली-भाली !
उन्हें न सहना पड़ा दुःख यह, मुझे यही सुख आली !
वधू-वंश की लाज दैव ने आज मुझी पर डाली ।
बस, जातीय सहानुभूति ही मुझ पर रहे तुम्हारी ।
आर्यपुत्र दे चुके परीक्षा, अब है मेरी वारी ।

जाओ नाथ ! अमृत लाओ तुम, मुझमें मेरा पानी ;
चेरी ही मैं बहुत तुम्हारी, मुक्ति तुम्हारी रानी ।
प्रिय तुम तपो, सहूँ मैं भरसक, देखूं बस हे दानी—
कहाँ तुम्हारी गुण-गाथा में मेरी करुण-कहानी ?
तुम्हें अप्सरा-विघ्न न व्यापे यशोधराकरधारी !
आर्यपुत्र दे चुके परीक्षा, अब है मेरी वारी ।

८

सखि, प्रियतम हैं वन में !
किन्तु कौन इस मन में ?

दिव्य-मूर्ति-वंचित भले चर्म-चक्षु गल जायँ,
प्रलय ! पिघलकर प्रिय न जो प्राणों में ढल जायँ,
जैसे गन्ध पवन में !
सखि, प्रियतम हैं वन में ?

नयन, वृथा व्याकुल न हो, नई नहीं यह रीति,
रखते हो तुम प्रीति तो धारण करो प्रतीति !
यही बड़ा बल जन में ;
सखि, प्रियतम हैं वन में ?

भक्त नहीं जाते कहीं, आते हैं भगवान् ;
यशोधरा के अर्थ है अब भी यह अभिमान।
मैं निज राज-भवन में,
सखि, प्रियतम हैं वन में ?

उन्हें समर्पित कर दिये, यदि मैंने सब काम,
तो आवेंगे एक दिन, निश्चय मेरे राम।
यहीं, इसी आँगन में,
सखि, प्रियतम हैं वन में ?

१

मरण सुन्दर बन आया री !
शरण मेरे मन भाया री !

आली, मेरे मनस्ताप से पिघला वह इस वार ;
रहा कराल कठोर काल सो हुआ सदय सुकुमार।
नर्म सहचर-सा छाया री !
मरण सुन्दर बन आया री !

अपनें हाथों किया विरह नें उसका सब श्रृंङ्गार ,
पहना दिया उसे उसने मृदु मानस - मुक्ता - हार।
विरुद विहगों ने गाया री !
मरण सुन्दर बन आया री !

फूलों पर पद रख, कूलों पर रच लहरों से रास,
मन्द पवन के स्यन्दन पर चढ़ बढ़ आया सविलास।
भाग्य ने अवसर पाया री!
मरण सुन्दर बन आया री!

फिर भी गोपा के कपाल में कहाँ आज यह भोग?
प्रियतम का क्या, यम का भी है दुर्लभ उसे सुयोग?
बनी जननी भी जाया री!
मरण सुन्दर बन आया री!

स्वामी मुझको मरने का भी दे न गये अधिकार,
छोड़ गये मुझपर अपने उस राहुल का सब भार।
जिये जल जलकर काया री!
मरण सुन्दर बन आया री!

१०

जलने को ही स्नेह बना।
उठने को ही बाष्प बना है,
गिरने को ही मेह बना।

जलता स्नेह जलावेगा ही,
फोले बाष्प फलावेगा ही,
मिट्टी मेह गलावेगा ही,
सब सहने को देह बना!
जलने को ही स्नेह बना।

यही भला, आँसू बह जावें,
रक्त-बिन्दु कह किसको भावें?
मैं उठ जाऊं सखि, वे आवें,
बसने को ही गेह बना,
जलने को ही स्नेह बना।

११

सखि, वसन्त-से कहाँ गये वे,
मैं ऊष्मा-सी यहाँ रही।
मैंने ही क्या सहा, सभीने
मेरी बाधा-व्यथा सही।

तप मेरे मोहन का उद्धव धूल उड़ाता आया,
हाय! विभूति रमाने का भी मैंने योग न पाया।
सूखा कण्ठ, पसीना छूटा, मृगतृष्णा की माया,
झुलसी दृष्टि, अंधेरा दीखा, दूर गई वह छाया।
मेरा ताप और तप उनका,
जलती है हा! जठर मही,
मैंने ही क्या सहा, सभीने
मेरी बाधा-व्यथा सही।

जागी किसकी बाष्पराशि, जो सूने में सोती थी ?
किसकी स्मृति के बीज उगे ये, सृष्टि जिन्हें बोती थी ?
अरी वृष्टि, ऐसी ही उनकी दया-दृष्टि रोती थी,
विश्व-वेदना की ऐसी ही चमक उन्हें होती थी।
किसके भरे हृदय की धारा,
शतधा होकर आज बही ?
मैंने ही क्या सहा, सभीने
मेरी बाधा - व्यथा सही।

उनकी शान्ति-कान्ति की ज्योत्स्ना जगती है पल पल में,
शरदातप उनके विकास का सूचक है थल थल में,
नाच उठी आशा प्रति दल पर किरणों की झल झल में,
खुला सलिल का हृदय-कमल खिल हंसों के कल कल में।
पर मेरे मध्याह्न ! बता क्यों
तेरी मूर्च्छा बनी रही ?
मैंने ही क्या सहा, सभीनें
मेरी बाधा - व्यथा सही।

हेमपुञ्ज हेमन्तकाल के इस आतप पर वारूँ,
प्रियस्पर्श की पुलकावलि मैं कैसे आज विसारूँ?
किन्तु शिशिर, ये ठंडी साँसें हाय! कहाँ तक धारूँ?
तन गारूँ, मन मारूँ, पर क्या मैं जीवन भी हारूँ?
मेरी बाँह गही स्वामी नें
मैंने उनकी छाँह गही,
मैंने ही क्या सहा, सभीने
मेरी बाधा-व्यथा सही।

पेड़ों नें पत्ते तक उनका त्याग देखकर, त्यागे,
मेरा धुँधलापन कुहरा बन छाया सबके आगे।
उनके तप के अग्नि-कुण्ड-से घर घर में हैं जागे,
मेरे कम्प, हाय! फिर भी तुम नहीं कहीं से भागे।
पानी जमा, परन्तु न मेरे
खट्टे दिन का दूध-दही,
मैंने ही क्या सहा, सभीने
मेरी बाधा-व्यथा सही।

आशा से आकाश थमा है, श्वास-तन्तु कब टूटे ?
दिन-मुख दमके, पल्लव चमके, भव ने नव रस लूटे !
स्वामी के सद्भाव फैलकर फूल फूल में फूटे,
उन्हें खोजने को ही मानो नूतन निर्झर छूटे।
उनके श्रम के फल सब भोगें
यशोधरा की विनय यही,
मैंने ही क्या सहा, सभीने
मेरी बाधा - व्यथा सही।

१२

कूक उठी है कोयल काली।
ओ मेरे वनमाली !

चक्कर काट रही है रह रह, सुरभि मुग्ध मतवाली !
अम्बर ने गहरी छानी यह, भू पर दुगुनी ढाली !
ओ मेरे वनमाली !

समय स्वयं यह सजा रहा है डगर डगर में डाली,
मृदु समीर-सह बजा रहा है नीर तीर पर ताली,
ओ मेरे वनमाली !

लता कण्टकित हुई ध्यान से ले कपोल की लाली,
फूल उठी है हाय ! मान से प्राण भरी हरियाली।
ओ मेरे वनमाली !

ढलक न जाय अर्घ्य आँखों का, गिर न जाय यह थाली,
उड़ न जाय पंछी पाँखों का, आओ हे गुणशाली !
ओ मेरे वनमाली !

१३

उनका यह कुञ्ज-कुटीर वही
    झड़ता उड़ अंशु-अबीर जहाँ,
अलि, कोकिल, कीर, शिखी सब हैं
    सुन चातक की रट "पीव कहाँ?"
अब भी सब साज समाज वही
    तब भी सब आज अनाथ यहाँ,
सखि, जा पहुँचे सुध-संग कहीं
    यह अन्ध सुगन्ध समीर वहाँ!

१४

दरक कर दिखा गया निज सार जो
    हंस दाड़िम, तू खिल खेल,
प्रकट कर सका न अपना प्यार जो,
    रो कठिन हृदय, सब झेल।

१५

बलि जाऊं, बलि जाऊं चातकि, बलि जाऊं इस रट को !
मेरे रोम रोम में आकर यह काँटे-सी खटकी ।
भटकी हाय कहाँ घन को सुध, तू आशा पर अटकी,
मुझसे पहले तू सनाथ हो, यही विनय इस घट की ।

१६

फलों के बीज फलों में फिर आये,
मेरे दिन फिरे न हाय !
गये घन कै कै वार न घिर आये ?
वे निर्भर भिरे न हाय !

१७

मैं भी थी सखि, अपने
मानस की राजहंसिनी रानी,
सपने की - सी बातें !
प्रिय के तप ने सुखा दिया पानी ।

राहुल-जननी

१

चुप रह, चुप रह, हाय अभागे!
रोता है, अब किसके आगे?

तुझे देख पाते वे रोता,
मुझे छोड़ जाते क्यों सोता?
अब क्या होगा? तब कुछ होता,
सोकर हम खोकर ही जागे!
चुप रह, चुप रह, हाय अभागे!

बेटा, मैं तो हूँ रोने को,
तेरे सारे मल धोने को;
हँस तू, है सब कुछ होने को,
भाग्य आयेंगे फिर भी भागे,
चुप रह, चुप रह, हाय अभागे!

तुझको क्षीर पिलाकर लूँगी,
नयन-नीर ही उनको दूँगी,
पर क्या पक्षपातिनी हूँगी?
मैंने अपने सब रस त्यागे।
चुप रह, चुप रह, हाय अभागे!

२

चेरी भी वह आज कहाँ, कल थी जो रानी ;
दानी प्रभु ने दिया उसे क्यों मन यह मानी ?
अबला-जीवन, हाय ! तुम्हारी यही कहानी—
आँचल में है दूध और आँखों में पानी !
मेरा शिशु-संसार वह
दूध पिये, परिपुष्ट हो,
पानी के ही पात्र तुम
प्रभो, रुष्ट या तुष्ट हो।

३

यह छोटा-सा छौना !
कितना उज्ज्वल, कैसा कोमल, क्या हो मधुर-सलौना !
क्यों न हसूं-रोऊं-गाऊं मैं, लगा मुझे यह टौना ;
आर्यपुत्र, आओ, सचमुच मैं दूंगी चन्द-खिलौना !

४

जीर्ण तरी, भूरि भार, देख, अरी, एरी !
कठिन पन्थ, दूर पार, और यह अँधेरी !

सजनी, उलटी बयार,
वेग धरे प्रखर धार,
पद पद पर विपद-वार,
रजनी घन-घेरी।
जीर्ण तरी, भूरि भार, देख, अरी, एरी !

जाना होगा परन्तु;
खींच रहा कौन तन्तु?
गरज रहे घोर जन्तु,
बजती भय - भेरी।
जीर्ण तरी, भूरि भार, देख, अरी, एरी!

समय हो रहा सपत्न?
अपने वश कौन यत्न?
गाँठ में अमूल्य रत्न,
बिसरी सुध मेरी।
जीर्ण तरी, भूरि भार, देख, अरी, एरी!

भव का यह विभव साथ,
याती भर किन्तु हाथ।
ले लें कब लौट नाथ?
सौंप बचे चेरी।
जीर्ण तरी, भूरि भार, देख, अरी, एरी!

इस निधि के योग्य पात्र
यदि था यह तुच्छ गात्र,
तो यही प्रतीति मात्र,
देव, दया तेरी।
जीर्ण तरी, भूरि भार, देख, अरी, एरी!

६

देव बनाये रक्खे
राहुल, बेटा, विचित्र तेरी क्रीड़ा,
तनिक बहल जाती है
उसमें मेरी अघोर पीड़ा-व्रीड़ा।

६

किलक अरे, मैं नेंक निहारूं,
इन दाँतों पर मोतो वारूं!

पानी भर आया फूलों के मुहँ में आज सबेरे,
हाँ, गोपा का दूध जमा है राहुल! मुख में तेरे।
लटपट चरण, चाल अटपट-सी मनभाई है मेरे,
तू मेरी अँगुली धर अथवा मैं तेरा कर धारूँ?
इन दाँतों पर मोती वारूं!

आ, मेरे अवलम्ब, बता क्यों 'अम्ब अम्ब' कहता है?
'पिता, पिता' कह, बेटा, जिनसे घर सूना रहता है!
दहता भो है, बहता भी है, यह जी सब सहता है।
फिर भी तू पुकार, किस मुहँ से हा! मैं उन्हें पुकारूं?
इन दाँतों पर मोती वारूँ!

७

आली, चक्र कहाँ चलता है ?
सुना गया भूतल ही चलता, भानु अचल जलता है।
आली, चक्र कहाँ चलता है ?

कटते हैं हम आप घूमकर, निर्वंश - निर्बलता है,
दिनकर - दीप द्वीप - शलभों को पल पल में छलता है।
आली, चक्र कहाँ चलता है ?

कुशल यही, वह दिन भी कटता, जो हमको खलता है,
साधक भी इस बीच सिद्धि को लेकर ही टलता है।
आली, चक्र कहाँ चलता है ?

गोपा गलती है, पर उसका राहुल तो पलता है,
अश्रु-सिक्त आशा का अंकुर देखूं कब फलता है ?
आली, चक्र कहाँ चलता है ?

८

"ओ माँ, आँगन में फिरता था
कोई मेरे सङ्ग लगा;
आया ज्यों ही मैं अलिन्द में
छिपा, न जाने कहाँ भगा!"

"बेटा भीत न होना, वह था
तेरा ही प्रतिविम्ब जगा।"
"अम्ब, भीति क्या?" "मृषा भ्रान्ति वह,
रह तू, रह तू, प्रीति-पगा।"

१

ठहर, बाल-गोपाल कन्हैया।
राहुल, राजा भैया !

कैसे धाऊं, पाऊँ तुझको हार गई मैं दैया,
सद्द दूध प्रस्तुत है बेटा, दुग्ध-फेन-सी शैया !

तू ही एक खिवैया, मेरी पड़ी भँवर में नैया,
आ, मेरी गोदी में आ जा, मैं हूँ दुखिया मैया।

"मैया है तू अथवा मेरी दो थन वाली गैया ?
रोनें से यह रिस ही अच्छी, तिलोलिलो ता थैया !"

१०

"तब कहता था—'लोभ न दे' अब
चन्द खिलौनें की रट क्यों?"
"तब कहती थी—'दूँगी बेटा!'
माँ, अब इतनी खटपट क्यों?"

"कह तो झूठ-मूठ बहला दूँ? पर वह होगी छाया,
मुझको भी शैशव में शशि की थी ऐसी ही माया।
किन्तु प्रसू बनकर अब मैंने उसको तुझमें पाया,
पिता बनेगा, तभी पायगा तू वह धन मनभाया।"

"अम्ब, पुत्र ही अच्छा यह मैं,
झेलूँ इतनी झंझट क्यों?"
"पुत्र हुआ, तो पिता न होगा?
यह विरक्ति ओ नटखट! क्यों?"

११

"अम्ब, यह पंछी कौन, बोलता है मीठा बड़ा,
जिसके प्रवाह में तू डूबती है बहती।"
"बेटा, यह चातक है।" "माँ, क्या कहता है यह?"
"पी-पी, किन्तु दूध को तुझे क्या सुध रहती?"
"और यह पंछी कौन बोला वाह!" "कोयल है।"
"माँ, क्यों इस कूक को तू हूक-सी है सहती?
कहती उमङ्ग से है मेरे सङ्ग सङ्ग अहो!
'कहो-कहो' किन्तु तू कहानी नहीं कहती!"

१२

"नहीं पियूँगा, नहीं पियूँगा, पय हो चाहे पानी।"
"नहीं पियेगा बेटा, यदि तू तो सुन चुका कहानी।"
"तू न कहेगी तो कह लूँगा मैं अपनी मनमानी;
सुन, राजा वन में रहता था, घर सहतो थी रानी!"
"और, हठी बेटा रटता था—नानो-नानी-नानो!"
"बात काटती है तू? अच्छा, जाता हूँ मैं मानी!"
"नहीं नहीं, बेटा, आ, तूने यह अच्छी हठ ठानी;
सुनकर ही पीना, सोना मत, नई कहूँ कि पुरानी?"

१३

"व्यर्थ गल गया मेरा—
रसाल, मैंने स्वयं नहीं चक्खा था ;
माँ, चुनकर सौ सौ में
इसे पिता के लिए बचा रक्खा था !"

"वह जड़ फल सड़ जावे,
पर चेतन भावना तभी वह तेरी
अर्पित हुई उन्हें है,
वत्स, यही मति तथा यही गति मेरी।"

१४

"निष्फल दो दो वार गई,
हार गई माँ, हार गई।

आगे आगे अम्ब जहाँ,
मैं पीछे चुपचाप वहाँ!
खोज फिरी तू कहाँ कहाँ,
फिरकर क्यों न निहार गई?
हार गई माँ, हार गई!

यहाँ, पिता की मूर्ति यही—
मेरे-तेरे बीच रही।
तू इसको ही देख बही,
सुध ही शोध बिसार गई!
हार गई माँ, हार गई!

अब की तू छिप देख कहीं,
पर लेना निःश्वास नहीं,
पकड़ा दें जो तुझे वहीं।"
"बेटा, मैं यह वार गई,
हार गई हाँ, हार गई!"

१९

मेरी भोली माई,
भला खिलौना लाई !

जब देखो अपनी ही कहता, मेरी कब सुनता है,
क्रीड़ा में भी ऐसा साथी क्या कोई चुनता है ?
आहा तू मुसकाई !
मेरी भोली माई !

नहीं नहीं, उपजाता है माँ, यह ममत्व ही गहरा,
सहज मधुरभाषी होकर भी यह बराक है बहरा।
मेरा छोटा भाई !
मेरी भोली माई !

१६

"अम्ब, तात कब आयँगे ?"
"धीरज धर बेटा, अवश्य हम उन्हें एक दिन पायँगे।

मुझे भले हो भूल जायँ वे तुझे क्यों न अपनायँगे,
कोई पिता न लाया होगा, वह पदार्थ वे लायँगे।"

"माँ, तब पिता-पुत्र हम दोनों संग संग फिर जायँगे।
देना तू पाथेय, प्रेम से विचर विचर कर खायँगे।

पर अपनें दूनें सूनें दिन तुझको कैसे भायँगे ?"
"हा राहुल ! क्या वैसे दिन भी इस धरती पर आयँगे ?

देखूंगी बेटा, मैं, जो भी भाग्य मुझे दिखलायँगे,
तो भी तेरे सुख के ऊपर मेरे दुःख न छायँगे !"

१७

राहुल

अम्ब, मेरी बात कैसे तुझ तक जाती है ?

यशोधरा

बेटा, वह वायु पर बैठ उड़ आती है।

राहुल

होंगे जहाँ तात क्या न होगा वायु माँ, वहाँ ?

यशोधरा

बेटा, जगत्प्राण वायु, व्यापक नहीं कहाँ ?

राहुल

क्यों अपनी बात वह ले जाता वहाँ नहीं ?

यशोधरा

निज ध्वनि फैलकर लीन होती है यहीं।

राहुल

और उनकी भी वहीं ? फिर क्या बड़ाई है ?

यशोधरा

सबने शरीर - शक्ति मित की ही पाई है।
मन ही के माप से मनुष्य बड़ा - छोटा है,
और अनुपात से उसीके खरा - खोटा है।
साधन के कारण ही तन को महत्ता है,
किन्तु शुद्ध मन की निरुद्ध कहाँ सत्ता है?
करते हैं साधन विजन में वे तन से,
किन्तु सिद्धि-लाभ होगा मन से, मनन से।
देख, निज नेत्र-कर्ण जा पाते नहीं वहाँ,
सूक्ष्म मन किन्तु दौड़ जाता है कहाँ कहाँ ?
वत्स, यही मन जब निश्चलता पाता है,
आकर इसीमें तब सत्य समा जाता है।

राहुल

तो मन ही मुख्य है माँ ?

यशोधरा

बेटा, स्वस्थ देह भी,
योग्य अधिवासी के लिए हो योग्य गेह भी।

१८

राहुल

विहग - समान यदि अम्ब, पङ्ख पाता मैं,
एक ही उड़ान में तो ऊँचे चढ़ जाता मैं।
मण्डल बनाकर मैं घूमता गगन में,
और देख लेता पिता बैठे किस वन में।
कहता मैं—तात, उठो, घर चलो, अब तो;
चौंककर अम्ब, मुझे देखते वे तब तो।
कहते—"तू कौन है?" तो नाम बतलाता मैं,
और सीधा मार्ग दिखा शीघ्र उन्हें लाता मैं।
मेरी बात मानते हैं मान्य पितामह भी,
मानते अवश्य उसे टालते न वह भी।
किन्तु विना पङ्खों के विचार सब रीते हैं।
हाय! पक्षियों से भी मनुष्य गये - बीते हैं।
हम थलवासी जल में तो तैर जाते हैं
किन्तु पक्षियों की भाँति उड़ नहीं पाते हैं।

मानवों को पङ्ख क्यों विधाता ने नहीं दिये ?

यशोधरा

पङ्खों के विना ही उड़ें चाहें तो, इसीलिए !

राहुल

पङ्खों के विना ही अम्ब ?

यशोधरा

और नहीं ?

राहुल

कैसे माँ ?

यशोधरा

भूल गया ?

राहुल

ओहो ! हनूमान उड़े जैसे माँ !

क्यों कर उड़े वे भला ?

यशोधरा

बेटा, योग-बल से ।

राहुल

मैं भी योग-साधन करूँगा अम्ब, कल से ।

१९

राहुल

तेरा मुहँ पहले बड़ा था ? अम्ब, कह तू ।

यशोधरा

राहुल, क्या पूछता है, बेटा, भला यह तू ?

राहुल

"रह गया तेरा मुहँ छोटा" यही कहके,
दादीजी अभी तो अम्ब, रोईं रह रह के ।

यशोधरा

राहुल, तू कहता है—"खा चुका हूँ इतना !"
किन्तु मुझे लगता है, खाया अभी कितना !
बेटा, यही बात मेरी और दादीजी की है,
होती परितृप्ति कभी जननी के जो की है ?

राहुल

रोईं किन्तु क्यों वे अम्ब,

यशोधरा

उनके वियोग से,

वंचित हूँ जिनके विना मैं राज-भोग से।

राहुल

माँ, वही तो ! छोटा मुहं कहने को तेरा है,

दैन्य और दर्प जहाँ दोनों का बसेरा है।

चाहे मुहँ छोटा रहे, किन्तु बड़ा भोला है,

छोटी और खोटी बात वह कब बोला है।

और तेरी आँखें तो बड़ी हैं अम्ब, तब भी ?

यशोधरा

बेटा, तुझे देख परिपूर्ण हैं वे अब भी !

राहुल

अम्ब, जब तात यहाँ लौटकर आयेंगे,

और वे भी तेरा मुहँ छोटा बतलायेंगे,

तो मैं, सुन, उनसे कहूँगा बस इतना—

मुहँ जितना हो किन्तु मानी मन कितना ?

२०

"माँ, कह एक कहानी।"
"बेटा, समझ लिया क्या तूने
मुझको अपनी नानी ?"

"कहती है मुझसे यह चेटी,
तू मेरी नानी की बेटी !
कह माँ, कह, लेटी ही लेटी,
राजा था या रानी ?
राजा था या रानी ?
माँ, कह एक कहानी !"

"तू है हठी मानधन मेरे,
सुन, उपवन में बड़े सबेरे,
तात भ्रमण करते थे तेरे,
जहाँ सुरभि मनमानी।"
"जहाँ सुरभि मनमानी?
हाँ, माँ, यही कहानी।"

"वर्ण वर्ण के फूल खिले थे,
झलमल कर हिम-बिन्दु झिले थे,
हलके झोंके हिले-मिले थे,
लहराता था पानी।"
"लहराता था पानी?
हाँ, हाँ, यही कहानी।"

"गाते थे खग कल कल स्वर से,
सहसा एक हंस ऊपर से,
गिरा, बिद्ध होकर खर-शर से।
हुई पक्ष की हानी!"
"हुई पक्ष की हानी?
करुणा-भरी कहानी!"

"चौंक उन्होंनें उसे उठाया,
नया जन्म-सा उसनें पाया।
इतने में आखेटक आया,
लक्ष्य - सिद्धि का मानी।"
"लक्ष्य - सिद्धि का मानी ?
कोमल - कठिन कहानी।"

"माँगा उसनें आहत पक्षी,
तेरे तात किन्तु थे रक्षी।
तब उसने, जो था खगभक्षी—
हठ करनें को ठानी।"
"हठ करनें की ठानी ?
अब बढ़ चली कहानी।"

"हुआ विवाद सदय-निर्दय में,
उभय आग्रही थे स्वविषय में,
गई बात तब न्यायालय में,
सुनी सभीनें जानी।"
"सुनी सभीने जानी ?
व्यापक हुई कहानी।"

"राहुल, तू निर्णय कर इसका—
न्याय पक्ष लेता है किसका ?
कह दे निर्भय, जय हो जिसका।
सुन लूं तेरी बानी।"
"माँ, मेरी क्या बानी ?
मैं सुन रहा कहानी।

कोई निरपराध को मारे,
तो क्यों अन्य उसे न उबारे ?
रक्षक पर भक्षक को वारे,
न्याय-दया का दानी !"
"न्याय दया का दानी ?
तूने गुनी कहानी।"

——

२१

सो, अपने चञ्चलपन, सो !
सो, मेरे अञ्चल-धन, सो !

पुष्कर सोता है निज सर में,
भ्रमर सो रहा है पुष्कर में,
गुञ्जन सोया कभी भ्रमर में,
सो, मेरे गृह-गुञ्जन, सो !
सो, मेरे अञ्चल-धन, सो !

तनिक पार्श्व-परिवर्त्तन कर ले,
उस नासा-पुट को भी भर ले।
उभय पक्ष का मन तू हर ले,
मेरे व्यथा-विनोदन, सो!
सो, मेरे अञ्चल-धन, सो!

रहे मन्द ही दीपक-माला,
तुझे कौन भय-कष्ट-कसाला?
जाग रही है मेरी ज्वाला,
सो, मेरे आश्वासन, सो!
सो, मेरे अञ्चल-धन, सो!

ऊपर तारे झलक रहे हैं,
गोखों से लग ललक रहे हैं,
नीचे मोती ढलक रहे हैं,
मेरे अपलक दर्शन, सो!
सो, मेरे अञ्चल-धन सो!

तेरी साँसों का सुस्पन्दन,
मेरे तप्त हृदय का चन्दन!
सो, मैं कर लूँ जी भर क्रन्दन!
सो, उनके कुल-नन्दन, सो!
सो, मेरे अञ्चल-धन, सो!

खेले मन्द पवन अलकों से,
पोंछूं मैं उनको पलकों से।
छद-रद की छवि की छलकों से
पुलक-पूर्ण शिशु-यौवन, सो!
सो, मेरे अञ्चल-धन, सो!

यशोधरा

१

निशि की अंधेरी जवनिके, चुप चेतना जब सो रही,
नेपथ्य में तेरे, न जाने, कौन सज्जा हो रही!

मेरी नियति नक्षत्र-मय ये बीज अब भी बो रही,
मैं भार फल की भावना का व्यर्थ ही क्यों ढो रही?

भर हर्ष में भी, शोक में भी, अश्रु, संसृति रो रही,
सुख-दुःख दोनों दृष्टियों से सृष्टि सुधबुध खो रही!

मैं जागती हूँ और अपनी दृष्टि अब भी धो रही,
खेला गई सो तो गई, वेला रहे वह, जो रही।

२

उलट पड़ा यह दिव-रत्नाकर
पानी नीचे ढलक बहा,
तारक - रत्नहार सखि, उसके
खुले हृदय पर झलक रहा।
"निर्दय है या सदय हृदय वह ?"
मैंने उससे ललक कहा।
हंस बोला—"ग्रह-चक्र देख लो !"
पर न उठे ये पलक हहा !

३

पवन, तू शीतल-मन्द-सुगन्ध !
इधर किधर आ भटक रहा है ? उधर उधर, ओ अन्ध !
तेरा भार सहें न सहें ये मेरे अबल-स्कन्ध,
किन्तु विगाड़ न दें ये साँसें तेरा बना प्रबन्ध !

४

मेरे फूल, रहो तुम फूले।
तुम्हें झुलाता रहे समीरण झोंटे देकर झूले।
तुम उदार दानी हो, घर की दशा सहज ही भूले,
क्षमा, कभी यह उष्णपाणि भी भूल तुम्हें यदि छूले।

५

प्रकट कर गई धन्य रस-राग तू !
पौ, फटकर भी निरुपाय।
भरे है अपने भीतर आग तू !
रो छाती, फटो न हाय !

९

यह प्रभात या रात है घोर तिमिर के साथ,
नाथ, कहाँ हो हाय तुम? मैं अदृष्ट के हाथ!

नहीं सुधानिधि को भी छोड़ा,
काल-करों ने धर अम्बर में सारा सार निचोड़ा!

टपक पड़ा कुछ इधर उधर जो अमृत वहाँ से थोड़ा,
दूब-फूल-पत्तों नें पुट में बूँद बूँद कर जोड़ा।

मेरे जीवन के रस, तूने यदि मुझसे मुहं मोड़ा,
तो कह, किस तृष्णा के माथे वह अपना घट फोड़ा?

मेरी नयन-मालिके! माना, तूनें बन्धन तोड़ा,
पर तेरा मोती न बनें हा! प्रिय के पथ का रोड़ा।

७

अब क्या रक्खा है रोनें में ?

इन्दुकुले, दिन काट शून्य के किसी एक कोने में।

तेरा चन्द्रहार वह टूटा,

किसने हाय, भरा घट लूटा ?

अर्णव-सा दर्पण भी छूटा,

खोना ही, खोने में !

अब क्या रक्खा है रोने में ?

सृष्टि किन्तु सोते से जागी,
तपें तपस्वी, रत हों रागी,
सभी लोक-संग्रह के भागी,
उगना भी, बोने में।
अब क्या रक्खा है रोने में?

बेला फिर भी तुझे भरेगी,
संचय करके व्यय न करेगी?
अमृत पिये है तू न मरेगी,
सब होगा, होने में।
अब क्या रक्खा है रोने में?

सफल अस्त भी तेरा आली,
घिरे बीच में यदि न घनाली।
जागे एक नई ही लाली—
तपे खरे सोने में।
अब क्या रक्खा है रोने में?

राहुल-जननी

१

घुसा तिमिर अलकों में भाग,
जाग, दुःखिनी के सुख, जाग !

जागा, नूतन गन्ध पवन में,
उठ तू अपने राज-भवन में,
जाग उठे खग वन-उपवन में,
और खगों में कलरव-राग।
जाग, दुःखिनी के सुख, जाग !

तात ! रात बीती वह काली,
उजियाली ले आई लाली,
लदी मोतियों से हरियाली,
ले लीलाशाली, निज भाग।
जाग, दुःखिनो के सुख, जाग !

किरणों ने कर दिया सबेरा,
हिमकण-दर्पण में मुख हेरा,
मेरा मुकुर मंजु मुख तेरा,
उठ, पंकज पर पड़े पराग!
जाग, दुःखिनी के सुख, जाग!

तेरे वैतालिक गाते हैं,
स्वस्ति लिये ब्राह्मण आते हैं,
गोप दुग्ध-भाजन लाते हैं,
ऊपर झलक रहा है झाग।
जाग, दुःखिनी के सुख, जाग!

मेरे बेटा, भैया, राजा,
उठ, मेरी गोदी में आ जा,
भौंरा नचे, वजे हाँ, बाजा,
सजे श्याम हय, या सित नाग?
जाग, दुःखिनी के सुख, जाग!

जाग अरे, विस्मृत भव मेरे !
आ तू, क्षम्य उपद्रव मेरे !
उठ, उठ, सोये शैशव मेरे !
जाग स्वप्न, उठ, तन्द्रा त्याग !
जाग, दु:खिनी के सुख, जाग !

२

अम्ब, स्वप्न देखा है रात,
लिये मेष-शावक गोदी में खिला रहे हैं तात।
उसकी प्रसू चाटती है पद कर करके प्रणिपात,
घेरे हैं कितने पशु-पक्षी, कितना यातायात !
'ले लो मुझको भी गोदी में' सुन मेरी यह बात,
हँस बोले—'असमर्थ हुई क्या तेरी जननो ? जात !'
आँख खुल गई सहसा मेरी, माँ, हो गया प्रभात,
सारो प्रकृति सजल है तुझ-सी भरे अश्रु अवदात !

३

बस, मैं ऐसी ही निभ जाऊँ।
राहुल, निज रानीपन देकर
तेरी चिर परिचर्य्या पाऊँ।
तेरी जननी कहलाऊँ तो
इस परवश मन को बहलाऊँ।
उबटन कर नहलाऊँ तुझको,
खिला पिलाकर पट पहनाऊँ।
रीझ-खीजकर रूठ-मनाकर
पीड़ा को क्रीड़ा कर लाऊँ।
यह मुख देख देख दुख में भी
सुख से दैव-दया-गुण गाऊँ।
स्नेह-दीप उनकी पूजा का
तुझमें यहाँ अखण्ड जगाऊँ।
डीठ न लगे, डिठौना देकर,
काजल लेकर तुझे लगाऊँ।

४

कैसी डीठ ? कहाँ का टौना ?

मान लिया आँखों में अञ्जन, माँ, किसलिए डिठौना ?

यही डीठ लगने के लच्छिन—छूटे खाना-पीना,

कभी काँपना, कभी पसीना, जैसे तैसे जीना !

डीठ लगी तब स्वयं तुझे हो, तू है सुध-बुध-हीना,

तू ही लगा डिठौना, जिसको काँटा बना बिछौना।

कैसी डीठ ? कहाँ का टौना ?

लोहित - विन्दु भाल पर तेरे, मैं काला क्यों दूँ माँ ?
लेती है जो वर्ण आप तू, क्यों न वही मैं लूँ माँ ?
एक इसी अन्तर के मारे मैं अति अस्थिर हूँ माँ !
मेरा चुम्बन तुझे मधुर क्यों ? तेरा मुझे सलोना !
कैसी डीठ ? कहाँ का टौना ?

रह जाते हैं स्वयं चकित-से मुझे देख सब कोई,
लग सकती है कह, माँ, मुझको डीठ कहाँ कब कोई ?
तेरा अङ्क-लाभ कर मुझको चाह नहीं अब कोई।
देकर मुझे कलङ्क-विन्दु तू बना न चन्द-खिलौना।
कैसी डीठ ? कहाँ का टौना ?

६

पात्र—

यशोधरा—गौतम-गृहिणी, राहुल-जननी।

राहुल—बुद्धदेव का पुत्र।

गङ्गा गौतमी	यशोधरा की सखियाँ
चित्रा विचित्रा	यशोधरा की दासियाँ

स्थान—

कपिलवस्तु के राजोपवन का अलिन्द।

समय—

सन्ध्या।

गङ्गा

देवि, यदि वह घटना सच्ची हो तो तपस्विनी सीता देवी भी इसी प्रकार पति-परित्यक्ता होकर आदिकवि के आश्रम में स्वामी का ध्यान करके कुश-लव के लिए जीवन धारण करती होंगी।

यशोधरा

मैं उन्हें प्रणाम करती हूँ। सखी, सीता देवी ने बहुत सहा। सम्भवत: मैं उतना न झेल सकती। कहते हैं, स्वामि-वंचिता होने के साथ साथ उन्हें मिथ्या लोकापवाद भी सहन करना पड़ा था।

गङ्गा

श्रीकृष्ण के वियोग में गोपियों ने भी बहुत सहन किया।

यशोधरा

हाय! वे उनके लिए कितनी तरसीं। परन्तु मुझे विश्वास है, मैं अपने प्रभु के दर्शन अवश्य पाऊँगी।

गङ्गा

तुम्हें देखकर मुझे स्वामि-वंचिता शकुन्तला का

स्मरण आता है। उनके पुत्र भरत की भाँति ही कुमार राहुल का अभ्युदय हो, यही सबकी कामना है।

यशोधरा

अहो! अभागिनी गोपा ही एक दुःखिनी नहीं है। उसकी पूज्य पूर्वजाओं ने भी बड़े दुःख उठाये हैं। उनके बल से मैं भी किसी प्रकार सह लूंगी गङ्गा!

गौतमी

निर्दयी पुरुषों के पाले पड़कर हम अबला जनों के भाग्य में रोना ही लिखा है।

यशोधरा

अरी, तू उन्हें निर्दय कैसे कहती है? वे तो किसी कीट-पतङ्ग का दुःख भी नहीं देख सकते।

गौतमी

तभी न हम लोगों को इतना सुख दे गये हैं?

यशोधरा

नहीं, वे अपने दुःख का भागी बनाकर हमें अपना सच्चा आत्मीय सिद्ध कर गये हैं और हम सबके सच्चे सुख की खोज में ही गये हैं।

गौतमी

देवि, तुम कुछ भी कहो, परन्तु मैं तो यही कहूँगी कि

ऐसा सोने का घर छोड़कर उन्होंने वन की धूल ही छानी। जननी जन्मभूमि की भी उन्हें कुछ ममता न हुई।

यशोधरा

अरी, सदा माँ की गोद में ही बैठे रहने के लिए पुरुषों का जन्म नहीं होता। स्त्रियों को भी पति के घर जाना पड़ता है। सारा विश्व जिनका कुटुम्ब है, उन्हें जन्मभूमि का बन्धन कैसे बाँध सकता है?

गौतमी

कुमार राहुल कदाचित् विश्व से बाहर थे! मोह-ममता तो ऐसों को क्या होगी किन्तु उनके पालन-पोषण और उनकी शिक्षा-दीक्षा की देख-रेख करना भी क्या उनका कर्त्तव्य न था?

यशोधरा

हमको तो उसपर बड़ी ममता है। हम क्या इतना भी न कर सकेंगी? मैं कहती हूँ, राहुल के जन्म ने उन्हें अमृत की प्राप्ति के लिए और भी आतुर कर दिया। परन्तु अब इन बातों को रहने दे। वह आता होगा। मैं उसके सामने हँसती ही रहना चाहती हूँ। परन्तु बहुधा आँसू आ जाते हैं। इससे उसे कष्ट होता है। वह अब समझने लगा है।

गंगा

देवि, कुमार को देखकर ही धीरज धरना चाहिए।

यशोधरा

ठीक है, विपत्ति में जो रह जाय वही बहुत है। चित्रा, देख भोजन प्रस्तुत है। यहीं एक ओर उसके लिए आसन लगा। मैंने अपने हाथों उसके लिए कुछ खीर बनाई है। वह ठंडी हुई या नहीं? और जो कुछ हो, आम रखना न भूलना।

चित्रा

(गई)

जो आज्ञा।

यशोधरा

गंगा, तू दादाजी के यहाँ जाने योग्य उसकी वेश-भूषा ठीक कर।

(गङ्गा 'जो आज्ञा' कहकर जिस द्वार से जाती है उसी से राहुल अलिन्द में आता है। यशोधरा और गौतमी सामने से उसकी प्रतीक्षा कर रही हैं। परन्तु वह चुपके चुपके उनके पीछे से आना चाहता है। सामने गङ्गा को देखकर मुहं पर अँगुली रखकर उससे चुप रहने का आग्रह करता है। गङ्गा मुस्कराकर चुप रहती है।

राहुल सहसा पीछे से माँ के गले में हाथ डालकर पीठ पर पड़ जाता है और 'प्रणाम', 'प्रणाम', कहकर अपना मुहँ बढ़ाकर माता के मुहँ से लगाकर हँसता है।)

यशोधरा

जीता रह, बेटा।

राहुल

मेरी जीत हो गई। दादाजी से मैंने कहा था,—मेरे प्रणाम करने के पहले ही माँ मुझे आशीर्वाद दे देती हैं। उन्होंने कहा—तू प्रणाम करने में पिछड़ जाता है। इसीलिए आज मैंने पीछे से आकर पहले प्रणाम कर लिया! अब तू हार गई न?

यशोधरा

वाह! मैं कैसे हार गई। तूने छिपकर आक्रमण किया है। इसे मैं तेरी जीत नहीं मानती।

राहुल

क्यों नहीं मानती? प्रणाम करना क्या कोई प्रहार करना है जो सामने से ही किया जाय। अच्छे काम तो अज्ञात रूप से भी किये जाते हैं। यह तूने ही कहा था। नहीं कहा था?

यशोधरा

वेटा, अब मैं हार गई।

राहुल

तू हार न मानती तो मैंने दूसरा उपाय भी सोच लिया था।

यशोधरा

सो क्या ?

राहुल

मैं दूर ड्योढ़ी से ही, तुझे देखे विना ही, 'माँ, प्रणाम', 'माँ, प्रणाम', कहता हुआ आता।

यशोधरा

वेटा, इसकी आवश्यकता नहीं। मेरा आशीर्वाद तेरे प्रणाम की प्रतीक्षा थोड़े करता है।

राहुल

परन्तु मेरा विनय तो सदा गुरुजनों का आशीष चाहता है। दादाजी कहते हैं, शिष्टाचार के नियम की रक्षा होनी चाहिए। इस कारण मेरे प्रणाम करने पर ही तुझे आशीष देना चाहिए। नहीं माँ ?

यशोधरा

अच्छी वात है, अब मैं तेरे प्रणाम करने पर ही

मुहँ से तुझे आशीष दिया करूँगी।

राहुल

मुहँ से ?

यशोधरा

मन से तो दिन-रात ही तेरा मङ्गल मनाती रहती हूँ।

राहुल

परन्तु माँ, मुझे तो कितने ही काम रहते हैं। मैं कैसे सर्वदा एक ही चिन्तन कर सकूँगा ?

यशोधरा

बेटा, तेरे जितने शुभ संकल्प हैं वे सब मेरी ही पूजा के साधन हैं। तू उपवन में घूम आया ?

राहुल

हाँ, माँ, मैंने जो आम के पौधे रोपे थे उनमें नई कोंपलें निकली हैं—बड़ी सुन्दर, लाल लाल !

यशोधरा

जैसी तेरी अँगुलियाँ !

राहुल

मेरी अँगुलियाँ तो धनुष की प्रत्यञ्चा भी खींच लेती हैं। वे हाथ लगते ही कुम्हला कर तेरे होठों से होड़ करने लगेंगी।

गौतमी

कुमार तो कविता करने लगे हैं !

राहुल

गौतमी, इसीको न कविता कहते हैं—

खान-पान तो दो ही धन्य,
आम और अम्बा का स्तन्य !

गौतमी

धन्य, धन्य ! परन्तु ये तो दो ही पद हुए ?

राहुल

मेरा छन्द क्या चौपाया है ? क्यों माँ !

यशोधरा

ठीक कहा बेटा !

गौतमी

भगवान् करे, तुम कवि होने के साथ साथ कविता के विषय भी हो जाओ।

राहुल

माँ, कविता का विषय कैसे हुआ जाता है ?

यशोधरा

बेटा, कोई विशेषता धारण करके।

राहुल

परन्तु माँ, मुझे तो किसी काम में विशेषता नहीं जान पड़ती। सब बातें साधारणतः यथानियम होती दिखाई पड़ती हैं। हाँ, एक रोने को छोड़कर! तू हँस पड़ी, यह और भी विचित्र है।

यशोधरा

अच्छा, बेटा, अब भोजन कर। गौतमी थाली मँगा।

(गौतमी 'जो आज्ञा' कहकर गई)

राहुल

माँ मेरे साथ तू भी खा।

यशोधरा

बेटा, मैं पीछे खा लूंगी।

राहुल

दादाजी मुझसे कहते थे—तू माँ को खिलाये विना खा लेता है। मुझे बड़ी लजा आई।

यशोधरा

मैं क्या भूखी रहती हूँ? उचित तो यह होगा कि तू दादाजी को साथ लेकर ही यहाँ भोजन किया कर।

राहुल

यह अच्छी रही! दादाजी तेरे लिए कहते हैं और तू दादाजी के लिए कहती है। यह भी कविता का एक विषय मुझे मिल गया। अच्छा, कल से दो बार तेरे साथ खाया करूँगा और दो बार दादाजी के साथ। आज तो तू मेरे साथ बैठ। नहीं तो मैं भी नहीं खाऊँगा।

यशोधरा

बेटा, हठ नहीं करते। मेरी तृप्ति तभी होती है जब मैं सबको खिलाकर खाऊँ।

राहुल

तू खा लेगी तो क्या फिर कोई खायगा नहीं?

यशोधरा

परन्तु मेरे लिए यह उचित नहीं कि जिनका भार मुझ पर है उन्हें छोड़कर मैं पहले खा लूँ।

राहुल

तो क्या मुझ पर किसी का भार नहीं?

यशोधरा

बेटा, तू अभी छोटा है।

राहुल

मैं छोटा हूँ तो क्या? बल तो मुझमें तुझसे

अधिक है। चाहे परीक्षा करके देख ले। मैं घोड़े पर जमकर बैठने लगा हूँ, व्यायाम करता हूँ, शस्त्र चलाना सीखता हूँ। मेरा बाण जितनी दूर जाता है मेरे किसी भी समवयस्क का उतनी दूर नहीं जा सकता। तू तो मेरे साथ दो डग दौड़ भी नहीं सकती।

यशोधरा

फिर भी बेटा, मैं तुझसे बड़ी हूँ।

राहुल

मैं बड़ा होता तो ?

यशोधरा

तो मेरा भार तुझ पर होता।

राहुल

परन्तु मैं तो सदा तुझसे छोटा ही रहूँगा माँ ! अच्छा, पिताजी तो बड़े हैं। वे क्यों हमारी सुध नहीं लेते ?

यशोधरा

लेंगे बेटा, लेंगे। तब तक तेरा भार मुझे दे गये हैं।

राहुल

और तेरा भार किसे दे गये हैं, दादाजी को ?

यशोधरा

हाँ बेटा, दादाजी को।

राहुल

और दादाजी का भार ?

यशोधरा

बेटा, पुरुषों के लिए स्वावलम्बी होना ही उचित है। दूसरों का भार बनना अपने पौरुष का अनादर करना है। यों तो सबका भार भगवान् पर है। परन्तु मेरे लिए तो मेरे स्वामी ही भगवान् हैं और तेरे लिए तेरे गुरुजन ही।

राहुल

तू ठीक कहती है। मैंने भी पढ़ा है—मातृदेवो भव, पितृदेवो भव। इसीके साथ माँ, आचार्यदेवो भव भी है।

यशोधरा

ठीक ही तो है बेटा। माता-पिता जन्म देते हैं, परन्तु सफल उसे आचार्यदेव ही बनाते हैं। हमें क्या करना चाहिए और क्या न करना चाहिए, वही इसे बताते हैं।

राहुल

सचमुच वे बड़ी बड़ी बातें बताते हैं। आकाश

तो मुझे भी गोल गोल दिखाई देता है। वे कहते हैं धरती भी गोल है। वे मुझको उसकी सब बातें बतायेंगे।

यशोधरा

क्यों नहीं बतायेंगे बेटा।

राहुल

परन्तु मेरा एक सहपाठी तो उनसे ऐसा डरता है मानो वे देव न होकर कोई दानव हों!

यशोधरा

वह अपना पाठ पढ़ने में कच्चा होगा।

राहुल

तूने कैसे जान लिया?

यशोधरा

यह क्या कठिन है। ऐसे ही लड़के गुरुजनों के सामने जाने से जी चुराते हैं।

राहुल

माँ, मैं तो एक दो वार सुनकर ही कोई बात नहीं भूलता। तू चाहे मेरी परीक्षा ले ले।

यशोधरा

तेरे पूर्वजन्म का संस्कार है। तू उस जन्म में

पण्डित रहा होगा, इसलिए इस जन्म में तुझे सहज ही विद्या प्राप्त हो रही है।

राहुल

ऐसी बात है?

यशोधरा

हाँ बेटा, इस जन्म के अच्छे कर्म उस जन्म में साथ देते हैं।

राहुल

और बुरे कर्म?

यशोधरा

वे भी।

राहुल

तो एक बार बुरे कर्म करने से फिर उनसे पिण्ड छूटना कठिन है?

यशोधरा

यही बात है बेटा।

राहुल

तो मैं आचार्यदेव से कहकर बुरे कर्मों की एक तालिका बनवा लूंगा, जिससे उनसे बचता रहूँ।

यशोधरा

अच्छा तो यह होगा कि तू अच्छे कर्मों की सूची बनवा ले।

राहुल

अच्छी बातें तो वे पढ़ाते ही हैं।

यशोधरा

तब उन्हींको स्मरण रखना चाहिए। बुरी बातों का स्मरण भी बुरा।

(थाली आती है)

राहुल

तब एक ओर मुझे अज्ञ भी बनना पड़ेगा, जैसे आज असमर्थ बनना पड़ा है।

यशोधरा

सो कैसे ?

राहुल

आज व्यायामशाला में कूदने के लिए बढ़ाकर एक नई सीमा निर्धारित की गई। मेरे साथियों में से कोई भी वहाँ तक नहीं उड़ सका। मैं कूद सकता था। परन्तु सबका मन रखने के लिए समर्थ होते हुए भी, मैं वहाँ तक नहीं गया। कल ही मैंने पढ़ा था—

आत्मनः प्रतिकूलानि परेषां न समाचरेत् ।

यशोधरा

वड़ा अच्छा पाठ पढ़ा है तूने वेटा । परन्तु उसका उपयोग ठीक नहीं हुआ । तेरा कोई साथी तुझसे अधिक योग्यता दिखावे तो क्या इसे अपने प्रतिकूल समझना चाहिए ? नहीं, यह तो अपने लिए उत्साह की वात होनी चाहिए। हमारे सामने जो आदर्श हों, हमें उनसे भी आगे जाने का उद्योग करना उचित है। इसी प्रकार हमारा उदाहरण देखकर दूसरों को भी साहस दिखाना चाहिए। नहीं तो वे भी उन्नति न कर सकेंगे और तेरी वल-बुद्धि भी विकसित न हो सकेगी ।

राहुल

ऐसी बात है ! तव तो बड़ी भूल हुई माँ।

यशोधरा

परन्तु तेरी भूल में भी सद्भावना थी, इससे मुझे सन्तोष ही है ।

गौतमी

माँ-वेटे वातों में ही भूल गये। थाली ठंडी हो रही है। उसका ध्यान ही नहीं ।

यशोधरा

सचमुच ! बेटा, अब भोजन कर।

राहुल

भूख तो मुझे भी लगी थी, पर तेरी बातों में भूल गया। चलो, अच्छा ही हुआ। दादाजी को सुनाने के लिए बहुत-सी बातें मिल गईं। तूने भी कहा था, टहलने के पीछे कुछ विश्राम करके ही खाना ठीक होता है।

(भोजन करने बैठता है)

यशोधरा

(अञ्चल झलती हुई)

अच्छा, अब खा, मैं चुप रहूँगी।

राहुल

तब तो मैं खा ही न सकूंगा।

यशोधरा

जैसे तुझे रुचे वैसे ही सही।

(गंगा मूल्यवान् वस्त्राभूषण लाती है)

राहुल

आहा ! खीर बड़ी स्वादिष्ट है। माँ, तू नहीं खाती तो चखकर ही देख।

यशोधरा

बेटा, मैं खीर नहीं खाती।

राहुल

मोतीचूर ?

यशोधरा

वह भी नहीं।

राहुल

दाल-भात, श्रीखण्ड, पापड़, दही-बड़े तुझे कुछ नहीं भाते।

यशोधरा

बेटा, मैं व्रत करती हूँ। फल और दूध ही मेरे लिए यथेष्ट हैं।

राहुल

तू बड़ी अरसज्ञ है ! मैं दादाजी से कहूँगा।

यशोधरा

नहीं बेटा, ऐसा न करना। उन्हें व्यर्थ कष्ट होगा।

राहुल

अच्छा, तू उपवास क्यों करती है ?

यशोधरा

मेरे धर्म का यह एक अङ्ग है।

राहुल

मेरे लिए यह धर्म कठिन पड़ेगा !

यशोधरा

तुझे इसकी आवश्यकता नहीं।

राहुल

क्यों ?

यशोधरा

धर्म की व्यवस्था भी अवस्था के अनुसार होती है। तू अभी छोटा है। बच्चों के व्रत उनकी माताएँ ही पूरे किया करती हैं।

राहुल

यह ले, मैं तृप्त हो गया। चित्रा, हाथ धुला और थाली ले जा।

यशोधरा

अरे, अभी खाया ही क्या है ?

राहुल

और कितना खाऊँ ? मैं क्या बड़ा हूँ ?

यशोधरा

हूँ, इसीके लिए तू छोटा है। जैसी तेरी रुचि।

(राहुल हाथ-मुहँ धोता है।)

आ, अब दादाजी के यहाँ जाने योग्य वेष-भूषा बना ले।

राहुल

क्यों माँ, यह वस्त्र क्या बुरे हैं? तू फटे-पुराने पहने और मैं सुवर्ण-खचित पहनूँ? मैं नहीं पहनूँगा। मेरे यही घूमने-फिरने और खेलने के वस्त्र क्या तेरे काषाय-वस्त्रों से भी गये-बीते हैं?

यशोधरा

बेटा, मैं काषाय-वस्त्र पहने क्या तुझे भली नहीं जान पड़ती?

राहुल

नहीं, माँ, इनसे तेरा गौरव ही प्रकट होता है। फिर भी मन न जाने कैसा हो जाता है—कभी कभी। तू इतना कठिन तप क्यों करती है?

यशोधरा

तप ही मनुष्यत्व है बेटा!

राहुल

मैं कब तप करूँगा?

यशोधरा

जब अपने पिता की भाँति पिता बन जायगा।

मैं तो यही जानती हूँ। आगे तेरे पिता जानें।

राहुल

माँ पिताजी की बात आने से तुझे कष्ट होता है। इसलिए मैं उनकी चर्चा ठीक नहीं समझता।

यशोधरा

बेटा, उन्हींकी चिन्ता करके तो मैं जी रही हूँ। तू इच्छानुसार जो कहना हो, कह।

राहुल

अच्छा, मेरे ये वस्त्र क्या तुझे नहीं भाते? साधारण वस्त्रों में तेरा असाधारण महत्व देखकर, मुझे भी रत्न-खचित वेश-भूषा छोड़कर साधारण वस्त्रों का ही लोभ होता है।

यशोधरा

परन्तु तेरी राजोचित वेश-भूषा से तेरे दादाजी को सन्तोष होता है। उनकी प्रसन्नता के लिए तुझे यह त्याग करना ही चाहिए।

राहुल

त्याग सचमुच त्याग ही है। अच्छा, पिता—

यशोधरा

कह बेटा, कह।

राहुल

क्या पिताजी भी ऐसी ही वेष-भूषा धारण करते थे ?

यशोधरा

क्यों नहीं।

राहुल

परन्तु तेरे सिरहाने उनका जो चित्र रहता है वह तो साधु-सन्यासी के रूप में ही है।

यशोधरा

उसे मैंने उनकी अब की अवस्था की कल्पना करके बनाया है।

राहुल

उनका कोई राजवेश का चित्र नहीं है ?

यशोधरा

क्यों न होगा।

राहुल

तो मुझे दिखा।

यशोधरा

गौतमी, है कोई चित्र ?

गौतमी

वह अशोकोत्सव वाला ?

यशोधरा

वही ला।

(गौतमी जाती है)

राहुल

माँ, पहले तू भी ऐसे वस्त्राभूषण पहनती होगी ?

यशोधरा

बेटा, कौन-सा राज-वैभव है जो तेरी माँ ने नहीं भोगा ?

राहुल

अब केवल माथे पर लाल लाल बिन्दी ही तुझे अच्छी लगती है।

यशोधरा

बेटा, यही मेरे सुख-सौभाग्य का चिह्न है।

राहुल

ऐसी ही बिन्दी मुझे भी लगा दे।

यशोधरा

तेरे लिए केसर, कस्तूरी, गौरोचन और चन्दन ही उपयुक्त है। रोली और अक्षत पूजा के समय लगाऊँगी।

(गौतमी आती है)

गौतमी

कुमार, लो, यह देखो पिताजी का चित्र।

राहुल

ओहो! कहाँ यह राजसी वेष-विन्यास और कहाँ वह संन्यास! परन्तु मुख पर दोनों स्थानों में प्रायः एक ही भाव है। अवस्था में अवश्य कुछ अन्तर है। माँ, सौम्य और साधु भाव में क्या विशेष अन्तर है?

यशोधरा

कोई अन्तर नहीं बेटा!

गङ्गा

कुमार, कैसा है यह रूप!

राहुल

मेरे जैसा! एक बार दादीजी मुझे देखकर चौंक पड़ीं और बोलीं मुझे ऐसा जान पड़ा, मानो वही आ गया! मैंने भी दर्पण में अपना मुख देखा है! क्यों माँ?

यशोधरा

बेटा, तू ठीक कहता है। अरे, मेरी आँखों में यह क्या आ पड़ा है?

राहुल

निकल गया माँ? तेरा अञ्चल तो भींग गया।

अरे, यह तो देख ! पिता के पास ही यह कौन खड़ी है ? वे उसे मरकत की माला उतारकर दे रहे हैं। वह हाथ बढ़ाकर भी संकुचित - सी हो रही है। सिर नीचा है, फिर भी अधखुली आँखें उन्हींकी ओर लगी हैं। माँ, यह कौन है ?

गौतमी

कुमार, तुम नहीं समझे ?

राहुल

अब ध्यान से देखकर समझ गया। माँ की छोटी बहन मेरी कौन होती हैं ?

गौतमी

मौसी।

राहुल

तो ये मेरी मौसी हैं। मुख माँ के मुख से मिलता है। इतना गौरव नहीं है परन्तु सरलता ऐसी ही है। क्यों माँ, हैं न मौसी ही ?

गौतमी

कुमार, माँ की आँखें अब भी किरकिरा रहीं हैं मैं तुम्हें बता दूं। यह इन्हीं का चित्र है।

राहुल

ओहो ! इतना परिवर्तन !

यशोधरा

बेटा, बुरा या भला ?

राहुल

माँ, यह मैं पहले ही कह चुका हूँ। तेरे इस परिवर्तन में तेरा गौरव ही प्रकट हुआ है। यह मूर्ति सुख में भी संकुचित-सी है और तू दुःखिनी होकर भी गौरवशालिनी। यह पवित्र है, तू पावन। क्या इसी अवस्था के परिवर्तन पर तुझे खेद है ?

यशोधरा

बेटा, तुझे सन्तोष हो तो मुझे कोई खेद नहीं।

राहुल

बस, पिताजी आ जायँ, तो मुझे पूरा सन्तोष है।

यशोधरा

तूने मेरे मत की बात कही बेटा।

राहुल

तब आज मुझे वही माला पहना दे जो पिताजी ने तुझे दी थी।

यशोधरा

मैंने उसे तेरी बहू के लिए रख छोड़ा था। यह भी अच्छा है, उसे वह तेरे ही हाथों पायगी। गौतमी, ले आ। (गौतमी जाती है)

राहुल

मेरी बहू की तुझे बड़ी चिन्ता है। इससे मुझे ईर्ष्या होती है।

यशोधरा

क्यों बेटा ?

राहुल

वह आकर मेरे और तेरे बीच में खड़ी हो जायगी, इसे मैं सहन नहीं कर सकता।

यशोधरा

मेरी दो जाघें हैं, एक पर तू बैठेगा, दूसरी पर वह बैठेगी।

राहुल

परन्तु जिस जाँघ पर मैं बैठना चाहूँगा उसी पर वह बैठना चाहेगी तो झगड़ा न मचेगा ?

यशोधरा

मैं उसे समझा लूँगी।

राहुल

काहे से समझा लेगी ? मुहँ तो तेरे एक ही है। वह मेरे भाग में है। उससे मैं तुझे वहू के साथ वात करने दूँगा तब न ?

यशोधरा

इतना वड़ा स्वार्थी होगा तू ?

राहुल

इसमें स्वार्थ की क्या वात है माँ, यह तो स्वत्व की वात है।

गङ्गा

परन्तु, कुमार, अधिकार क्या अकेले ही भोगा जाता है ?

राहुल

तुम भी माँ की ओर मिल गई हो ?

गौतमी

(आकर)

कुमार, मैं तुम्हारी ओर हूँ। समय आवे तब देख लेना। अभी से क्या झगड़ा। लो, यह मरकत की माला।

राहुल

(पहनकर)

अरे, यह तो मुझे बड़ी बैठी।

(उतारकर)

माँ, एक वार तू ही इसे पहन।

यशोधरा

वेटा, मैं ?

राहुल

इस हंसी से तो तेरा रोना ही भला ! पहन माँ, मैं देखूंगा।

गौतमी

देवि, माथे पर सिन्दूर-विन्दु धारण करती हुई किस विचार से तुम कुमार की इच्छा पूरी करने में असमंजस करती हो ? जो ऐसा करने से तुम्हें रोकता है, वह धर्म नहीं, अधर्म है।

यशोधरा

पहना दे वेटा !

राहुल

(पहनाकर)

अहा हा ! यह राजयोग है। चित्रा, दर्पण तो लाना।

यशोधरा

रहने दे बेटा, तू ही मेरा दर्पण है। अरे, यह विचित्रा क्या लाई ?

विचित्रा

जय हो देवि, महाराज ने कुमार के लिए यह वीणा भेजी है, और पूछा है, वे कब तक आते हैं ?

राहुल

वे क्या कर रहे हैं ?

विचित्रा

कुमार, महाराज अभी सन्ध्या करने के लिए उठे हैं।

राहुल

जब तक वे सन्ध्या से निवृत्त हों, मैं पहुँचता हूँ।

विचित्रा

जो आज्ञा।

(गई)

राहुल

माँ, दादाजी ने मुझसे कहा था, तू बड़ा अच्छा बजाती है। तू ही मुझे वीणा सिखाया कर। इसीसे दादाजी ने मेरे लिए यह वीणा बनने की आज्ञा दी थी।

यशोधरा

बेटा, मैं तो सब भूल गई। परन्तु वीणा है सुन्दर।

राहुल

इसीसे अपने आप तेरी अँगुलियाँ इसे छेड़ने लगीं! कैसी बोलती है यह?

यशोधरा

अच्छी—तेरे योग्य।

राहुल

माँ, तनिक इसे बजाकर कुछ गा।

यशोधरा

बेटा, यह छोटी है।

गंगा

कुमार, परन्तु स्वर दे सकेगी। गाने के लिए इतना ही पर्याप्त है।

यशोधरा

अरी, यह यों ही हठी है ऊपर से इसे तुम और भी उकसा रही हो।

राहुल

माँ, अपनी इच्छा से तू रोती-गाती है। मैं कहता हूँ तो मुझे हठी बताती है। यही सही। तू न गायगी

तो मैं रोने लगूँगा।

(हँसता है)

यशोधरा

गाती हूँ बेटा, उनके लिए रो रही हूँ तो तेरे लिए गाऊँगी क्यों नहीं ?

(गान)

रुदन का हंसना ही तो गान।
गा गाकर रोती है मेरी हृत्तन्त्री की तान।
मीड़-मसक है कसक हमारी, और गमक है हूक ;
चातक की हुत-हृदय-हूति जो, सो कोयल की कूक।
राग हैं सब मूर्च्छित आह्वान।
रुदन का हंसना ही तो गान।
छेड़ो न वे लता के छाले, उड़ जावेगी धूल,
हलके हाथों प्रभु के अर्पण कर दो उसके फूल,
गन्ध है जिनका जीवन-दान।
रुदन का हँसना ही तो गान।
कादम्बिनी-प्रसव की पीड़ा हंसी तनिक उस ओर,
क्षिति का छोर छू गई सहसा वह बिजली की कोर !
उजलती है जलती मुसकान,
रुदन का हँसना ही तो गान।

यदि उमंग भरता न अद्रि के ओ तू अन्तर्दाह,
तो कल कलकर कहाँ निकलता निर्मल सलिल-प्रवाह !
सुलभ कर सबको मज्जन-पान।
रुदन का हँसना ही तो गान।
पर गोपा के भाग्य-भाल का उलट गया वह इन्दु,
टपकाता है अमृत छोड़कर ये खारी जल-बिन्दु !
कौन लेगा इनको भगवान ?
रुदन का हसना ही तो गान।

राहुल

माँ, माँ, रुलाई आती है। ये गंगा, गौतमी और चित्रा सभी तो रो रही हैं।

यशोधरा

बेटा, बेटा, आ मेरी छाती से लग जा।

(बल पूर्वक भेटती है)

राहुल

ओह ! ओह !

गौतमी

छोड़ दो, छोड़ दो देवि, कुमार को। यह क्या करती हो ?

(यशोधरा भुजपाश ढीला करती है)

राहुल

ग्राह ! प्राण बचे। मैं तो तुझे सर्वथा दुर्बल समझता था। परन्तु तूने पागल की भाँति इतने वल से मुझे दवाया कि मेरी सांस रुकने लगी मां ! हाथ जोड़े मैंने तेरे छाती से लगने को ! फिर भी तू रोती है ? रोना मुझे चाहिए या तुझे ?

यशोधरा

वेटा, मैं तुझे हँसता ही देखूँ।

राहुल

अच्छा, रात को कहानी कहेगी न ?

यशोधरा

कहूँगी।

राहुल

मेरी जीत ! जाऊँ तो झटपट दादाजी के यहाँ हो आऊँ।

६

राहुल

अम्ब, मन करता है, पत्र लिखूँ तात को।

यशोधरा

क्या लिखेगा बेटा, सुनूँ मैं भी उस बात को ?

राहुल

मैं लिखूँगा—तात, तुम तपते हो वन में,
हम हैं तुम्हारा नाम जपते भवन में।
आओ यहाँ, अथवा बुला लो हमको वहाँ।

यशोधरा

किन्तु बेटा, कौन जाने तेरे तात हैं कहाँ ?

राहुल

वे हैं वहाँ अम्ब, जहाँ चाहे और सब है,
किन्तु सोच, ऐसी धृति, ऐसी स्मृति कब है ?
ऐसा ठौर होगा कहाँ, जो सुध भुला दे माँ,
जागते ही जागते जो हमको सुला दे माँ ?

यशोधरा

ऐसा ठौर हो तो वह बेटा, तुझे भायगा ?

राहुल

अम्ब, नहीं; ध्यान वहाँ तेरा भी न आयगा।
मानता हूँ, वेदना ही बजती है ध्यान में,
किन्तु एक सुख भी तो रहता है ज्ञान में।

यशोधरा

तो भी तात होंगे वहाँ।

राहुल

वे क्या मुझे मानेंगे ?
विस्मृति के बीच कह, कैसे पहचानेंगे ?
ऐसी युक्ति हो जो वही आप यहाँ आ जावें,
जानें - पहचानें हमें हम उन्हें पा जावें।

यशोधरा

बेटा, यही होगा, यही होगा, धैर्य धर तू,
शक्ति और भक्ति निज भावना में भर तू।

७

राहुल

अम्ब, पिता आयँगे तो उनसे न बोलूंगा,
और संग उनके न खेलूंगा न डोलूंगा।

यशोधरा

बेटा, क्यों ?

राहुल

गये वे अम्ब, क्यों कुछ बिना कहे ?
हम सबनें ये दुःख जिससे यहाँ सहे।

यशोधरा

अविनय होगा किन्तु बेटा, क्या न इससे ?

राहुल

अविनय ? कैसे भला, किस पर, किससे ?
अम्ब, क्या उन्होंनें आप अनय नहीं किया ?
तुझको रुलाकर अजाना पथ है लिया।

यशोधरा

किन्तु कोई अनय करे तो हम क्यों करें ?

राहुल

और नहीं माथे पर क्या हम उसे धरें ?

यशोधरा

बेटा, इसे छोड़ और अपना क्या बस है ?

राहुल

न्याय तो सभीके लिए अम्ब, एक रस है।

यशोधरा

न्याय से वे पालन ही करने को बाध्य हैं ?
लालन करें या नहीं ?

राहुल

फिर भी क्या साध्य हैं ?
प्रेमशून्य पालन क्यों चाहें हम उनका ?

यशोधरा

किन्तु क्या किसी पर है प्रेम कम उनका ?

राहुल

अम्ब, फिर तू क्यों यहाँ रह रह रोती है ?

यशोधरा

बेटा रे, प्रसव की-सी पीड़ा मुझे होती है।

राहुल

इससे क्या होगा अम्ब ?

यशोधरा

बेटा, वृद्धि उनकी,

बहन बचेगी वही तेरी, सिद्धि उनकी।

८

राहुल

अम्ब, दमयन्ती की कहानी मुझे भाई है,
और एक बात मेरे ध्यान में समाई है।
तू भी एक हंस को बना के दूत भेज दे,
जो सन्देश देना हो उसीको तू सहेज दे।

यशोधरा

बेटा, भला वैसा हंस पा सकूँगी मैं कहाँ?

राहुल

हंस न हो, मेरा धीर कीर तो पला यहाँ।

यशोधरा

किन्तु नहीं सूझता है, उनसे मैं क्या कहूँ?

राहुल

पूछ यही बात—"और कब तक मैं सहूँ?"

यशोधरा

"सिद्धि मिलनें तक" कहेंगे क्या न वे यही ?

राहुल

तो क्या सिद्धि मिलनें का एक थल है वही ?

यशोधरा

बेटा, यहाँ विघ्न, उन्हें हम सब घेरेंगे।

राहुल

किन्तु धीर हैं तो अम्ब, वे क्यों ध्यान फेरेंगे ?
वन में तो इन्द्र भी प्रलोभन दिखायगा,
विश्वामित्र-तुल्य उन्हें क्या वह न भायगा ?
मुझको तो उसमें भी लाभ दृष्टि आता है—
भगिनी शकुन्तला-सी, राहुल-सा भ्राता है !
मेनका तो वंचिका थी, तू फिर भी उनकी ?
और रहो चाहे जहाँ, सिद्धि तो है धुन की।
तेरी गोद में ही अम्ब, मैंने सब पाया है,
ब्रह्म भी मिलेगा कल, आज मिली माया है।

१

राहुल

ऐसे गिरि, ऐसे वन, ऐसी नदी, ऐसे कूल,
ऐसा जल, ऐसे थल, ऐसे फल, ऐसे फूल,
ऐसे खग, ऐसे मृग, होंगे अम्ब, क्या वहाँ,
करते निवास होंगे एकाकी पिता जहाँ?

यशोधरा

बेटा, इस विश्व में नहीं है एकदेशता,
होती कहीं एक, कहीं दूसरी विशेषता।
मधुर बनाता सब वस्तुओं को नाता है,
भाता वहीं उसको, जहाँ जो जन्म पाता है।

राहुल

अम्ब, क्या पिता ने यहीं जन्म नहीं पाया है?
क्यों स्वदेश छोड़, परदेश उन्हें भाया है?

यशोधरा

बेटा, घर छोड़ वे गये हैं अन्य दृष्टि से,
जोड़ लिया नाता है उन्होंने सब सृष्टि से।
हृदय विशाल और उनका उदार है,
विश्व को बनाना चाहता जो परिवार है।

राहुल

लाभ इससे क्या अम्ब, अपनों को छोड़के,
बैठ जायँ दूसरों से वे सम्बन्ध जोड़के?

यशोधरा

अपनों को छोड़के क्यों बैठ भला जायँगे?
अपनों के जैसा हो सभीका प्रेम पायँगे।

राहुल

माँ, क्या सब ओर होगा अपना ही अपना?
तब तो उचित ही है तात का यों तपना।

यशोधरा

१

निज बन्धन को सम्बन्ध सयत्न बनाऊं।
कह मुक्ति, भला, किसलिए तुझे मैं पाऊँ ?

जाना चाहे यदि जन्म, भले ही जावे,
आना चाहे तो स्वयं मृत्यु भी आवे,
पाना चाहे तो मुझे मुक्ति ही पावे,
मेरा तो सब कुछ वही, मुझे जो भावे।
मैं मिलन-शून्य में विरह - घटा - सी छाऊं!
कह मुक्ति, भला, किसलिए तुझे मैं पाऊं ?

माना, ये खिलते फूल सभी झड़ते हैं,
जाना, ये दाड़िम, आम सभी सड़ते हैं।
पर क्या यों ही ये कभी टूट पड़ते हैं?
या काँटे ही चिरकाल हमें गड़ते हैं ?
मैं विफल तभी, जब बीज-रहित हो जाऊं।
कह मुक्ति, भला, किसलिए तुझे मैं पाऊँ ?

यदि हममें अपना नियम और शम-दम है,
तो लाख व्याधियाँ रहें स्वस्थता सम है।
वह जरा एक विश्रान्ति, जहाँ संयम है;
नवजीवन-दाता मरण कहाँ निर्मम है?
भव भावे मुझको और उसे मैं भाऊँ।
कह मुक्ति, भला, किसलिए तुझे मैं पाऊँ?

आकर पूछेंगे जरा-मरण यदि हमसे;
शैशव-यौवन की बात व्यंग्य-विभ्रम से,
हे नाथ, बात भी मैं न करूंगी यम से,
देखूंगी अपनी परम्परा को क्रम से।
भावी पीढ़ी में आत्मरूप अपनाऊँ।
कह मुक्ति, भला, किसलिए तुझे मैं पाऊं?

ये चन्द्र-सूर्य निर्वाण नहीं पाते हैं;
ओझल हो होकर हमें दृष्टि आते हैं।
झोंके समीर के झूम झूम जाते हैं;
जा जाकर नीरद नया नीर लाते हैं।
तो क्यों जा जाकर लौट न मैं भी आऊं?
कह मुक्ति, भला, किसलिए तुझे मैं पाऊं?

रस एक मधुर ही नहीं, अनेक विदित हैं,
कुछ स्वादु हेतु, कुछ पथ्य हेतु समुचित हैं।
भोगें इन्द्रिय, जो भोग विधान-विहित हैं;
अपने को जीता जहाँ, वहीं सब जित हैं।
निज कर्मों की ही कुशल सदैव मनाऊँ।
कह मुक्ति, भला, किसलिए तुझे मैं पाऊँ?

होता सुख का क्या मूल्य, जो न दुख रहता?
प्रिय-हृदय सदय हो तपस्ताप क्यों सहता?
मेरे नयनों से नीर न यदि यह बहता,
तो शुष्क प्रेम की बात कौन फिर कहता।
रह दुःख! प्रेम परमार्थ दया मैं लाऊँ।
कह मुक्ति, भला, किसलिए तुझे मैं पाऊँ?

आओ, प्रिय! भव में भाव-विभाव भरें हम,
डूबेंगे नहीं कदापि, तरें न तरें हम।
कवल्य-काम भी काम, स्वधर्म धरें हम,
संसार-हेतु शत बार सहर्ष मरें हम।
तुम, सुनो क्षेम से, प्रेम-गीत मैं गाऊँ।
कह मुक्ति, भला, किसलिए तुझे मैं पाऊँ?

२

मेरा मरण तुमको खला।
किन्तु मैं लेकर करूं क्या विरह-जीवन जला?
लौट आओ प्रिय, तुम्हारा पुण्य फूला-फला,
भाग जो जिसका उसे दो, जाय क्यों वह छला?
देख लूं, जब तक जगूं भव-नाट्य की नव कला,
और फिर सोऊँ तुम्हारी बाँह पर धर गला।
सब भला उसका भुवन में, अन्त जिसका भला;
जीव पहुँचेगा वहीं तो, वह जहाँ से चला।

३

मरने से बढ़कर यह जीना।
अप्रिय आशंकाएँ करना
भय खाना हा! आँसू पीना!
फिर भी बता, करे क्या आली,
यशोधरा है अवश-अधीना।
कहाँ जाय यह दीना-हीना,
उन चरणों में ही चिर लीना।

४

ओहो ! कैसा था वह सपना ?
देखा है रजनी में सजनी, मैंने उनका तपना ।

दया भरी, पर शोणित सूखा,
वर्ण झाँवरा होकर रूखा,
पैठा पेट पीठ में भूखा,
आया मुझे विलपना !
ओहो ! कैसा था वह सपना ?

बहता वहाँ पास ही जल था,
किन्तु कहाँ जानें का बल था?
मन-सा तन भी पड़ा अचल था,
भार आप ही अपना!
ओहो! कैसा था वह सपना?

सहसा माँ भगिनी बन आईं,
स्वर्गवासिनी वे मनभाईं।
सुरसरि-जल अमृतोदन लाईं,
फिर भी मुझे कलपना!
ओहो! कैसा था वह सपना?

८

क्यों फड़क उठे ये वाम अंग !
ज्यों उड़ने के पहले विहंग !

किस शुभ घटना की रटना - सी
लगा रहा है अन्तरंग ?
क्यों यह प्रकृति प्रसन्न हो उठी ?
नहीं कहीं कुछ राग रंग।
उठती है अन्तर में कैसी
एक मिलन जैसी उमंग,
लहराती है रोम रोम में
अहा ! अमृत की - सी तरंग !
पाना दुर्लभ नहीं, कठिन है
रख पाने का ही प्रसंग,
मिला मुझे क्या नहीं स्वप्न में
किन्तु हुआ वह स्वप्न भंग !
वंचक विधि ने लिया न हो सखि,
अब यह कोई और ढंग !
पर मेरा प्रत्यय तो फिर भी
है मेरे ही प्राण - संग !

६

गये हो तो यह ज्ञात रहे,
स्वामी ! व्यर्थ न दिव्य देह वह
तप - वर्षा - हिम - वात सहे।

देखो, यह उत्तुङ्ग हिमालय,
खड़ा अचल योगी - सा निर्भय।
एक ओर हो यह विस्मय मय,
एक ओर वह गात रहे।
गए हो तो यह ज्ञात रहे।

वहे उधर गङ्गा की धारा,
इधर तुम्हारी गिरा अपारा।
प्लावित कर दे अग जग सारा,
हाँ, युग युग अवदात रहे।
गये हो तो यह ज्ञात रहे।

मुझे मिलोगे भला कहीं तो,
वहाँ सही, यदि यहाँ नहीं तो।
जहाँ सफलता, मुक्ति वहीं तो,
यशोधरा की बात रहे।
गये हो तो यह ज्ञात रहे।

७

ओ यतियों-व्रतियों के आश्रय,
अभय हिमालय! भूधर-भूप!
हम सतियों की ठंडी ठंडी
आहों के ओ उच्चस्तूप!
तू जितना ऊँचा, उतना ही
गहरा है यह जीवन-कूप,
किन्तु हमारे पानी का भी
होगा तू ही साक्षी-रूप।

८

चाहे तुम सम्बन्ध न मानो,
स्वामी! किन्तु न टूटेंगे ये, तुम कितना ही तानो।

पहले हो तुम यशोधरा के,
पीछे होगे किसी परा के,
मिथ्या भय हैं जन्म-जरा के,
इन्हें न उनमें सानो,
चाहे तुम सम्बन्ध न मानो।

देखूँ एकाकी क्या लोगे?
गोपा भी लेगी, तुम दोगे।
मेरे हो, तो मेरे होगे,
भूले हो, पहचानो।
चाहे तुम सम्बन्ध न मानो।

वधू सदा मैं अपने वर की,
पर क्या पूर्ति वासना भर की?
सावधान! हाँ, निज कुलघर की
जननी मुझको जानो।
चाहे तुम सम्बन्ध न मानो।

१

रोहिणि, हाय ! यह वह तीर,
बैठते आकर जहाँ वे धर्मधन, धुरधीर।

मैं लिये रहती विविध पकान्न, भोजन, खीर,
वे चुगाते मीन, मृग, खग, हंस, केकी, कीर।

पालता है तात का व्रत आज राहुल वीर,
लो इसे, जब तक न लौटें वे ललित - गंभीर।

कुटिल गति भी गण्य तेरी, धन्य निर्मल नीर;
वार दूँ मैं इस झलक पर मंजु मुक्ता - हीर।

बह चली लोकार्थ ही तू पहन पावन चीर,
रह गया दो बूंद देकर यह अशक्त शरीर!

राहुल-जननी

१

तुझे नदीश मान दे,
नदी, प्रदीप-दान ले।

तुझे और क्या दूँ ? थोड़ा भी आज बहुत तू मान ले,
तम में विषम मार्ग का इसको तुच्छ सहायक जान ले।

मिलें कहीं मेरे प्रभु पथ में, तू उनका सन्धान ले,
तुझे कठिन क्या है यह, यदि तू अपने मन में ठान ले।

मेरे लिए तनिक चक्कर खा, नव यात्रा की तान ले,
घूम घूमकर, झूम झूमकर, थल थल का रस-पान ले।

कह देना इतना ही उनसे जब उनको पहचान ले—
"धाय तुम्हारे सुत की गोपा बैठो है बस ध्यान ले।"

२

"जल के जीव हैं माँ, मीन;
नयन तेरे मीन-से हैं, सजल भी क्यों दीन?

पद्मिनी-सी मधुर मृदु तू, किन्तु है क्यों छीन?
मन भरा है, किन्तु तन क्यों हो रहा रस-हीन?

अम्ब, तेरा स्तन्य पीकर हो गया मैं पीन,
दुग्ध-तन मुझमें, पिता में मुग्ध-मन है लीन?

हाय! क्या तू त्याग पर ही है यहाँ आसीन?
धिक् मुझे, कह क्या करूं मैं? हूँ सदैव अधीन।"

"लाल, मेरे बाल, साले सुध मुझे प्राचीन,
भय नहीं, साहित्य तेरा प्राप्त नित्य नवीन।"

३

"मातः, मैं भी तो सुनूं, कैसी है वह मुक्ति ?"
"पुत्र पिता से पूछना और उन्हींसे युक्ति।"

"तू केवल कन्थक कसवा दे, अम्ब, अभी चढ़ धाऊं,
मुक्ति बड़ी या मेरी माता, पूछ पिता से आऊँ।

न रो, कहीं भी क्यों न रहें वे, ठहर, उन्हें घर लाऊं,
नहीं चाहता मैं वह कुछ भी, जिसमें तुझे न पाऊँ।

कहाँ मिलेगी मुक्ति, बता तो ? उसे जीतने जाऊं,
बांध न डालूं इन चरणों में, तो राहुल न कहाऊं।"

"बेटा, बेटा, नहीं जानती, मैं रोऊं या गाऊँ,
आ, मेरे कन्धों पर चढ़ जा, तुझको भी न गँवाऊं।"

४

"अम्ब, पिता के ध्यान में बिसरा तेरा ज्ञान ;
भूल गई तू आपको बस, उनको पहचान।

अपने को खोकर उन्हें खोज रही तू आज,
और आत्मरत हैं उधर वे तेरे अधिराज !

कहती है भगवान तू उनको वारंवार,
किन्तु उन्हें भगवान का आया कभी विचार ?

सुध करके सुध खो रही तू उनकी छवि आँक ;
वे तेरी इस मूर्ति को देखेंगे कब झाँक ?

गाती है मेरे लिए, रोती उनके अर्थ ;
हम दोनों के बीच तू पागल-सी असमर्थ !"

"रोना-गाना बस यही जोवन के दो अंग ;
एक संग मैं ले रही दोनों का रस-रंग !"

८

सती शिवा-सो तपस्विनी माँ, देख दिवा यह आ रही,
भर गभोर निज शून्य स्वयं ही उसको तुझ-सी था रही !
सौध-शिखर पर स्वर्ण-वर्ण की आतप आभा भा रही,
ज्यों तेरे अञ्चल की छाया मेरे सिर पर छा रही !
ज्यों तेरी वरुनी यह आँसू, किरण तुहिन-कण पा रही,
शुचिस्नेह का केन्द्र-बिन्दु-सा आतमतेज से ता रही !
शीतल-मन्द-पवन वन वन से सुरभि निरन्तर ला रही,
ज्यों अनुभूति अदृश्य तात की मुझमें-तुझमें धा रही !
रवि पर नलिनी की, पितृ-छवि पर मौन दृष्टि तव जा रही,
वहाँ अङ्क में मधुप, यहाँ मैं, गिरा एक गुण गा रही !

सन्धान

(एकान्त में यशोधरा)

(गान)

आओ हो वनवासी !
अब गृह-भार नहीं सह सकती
देव, तुम्हारी दासी।

राहुल पलकर जैसे तैसे,
करने लगा प्रश्न कुछ वैसे,
मैं अबोध, उत्तर दूँ कैसे ?
वह मेरा विश्वासी।
आओ हो वनवासी !

उसे बताऊँ क्या, तुम आओ,
मुक्ति-युक्ति मुझसे सुन जाओ—
जन्म-मूल मातृत्व मिटाओ,
मिटे मरण-चौरासी !
आओ हो वनवासी !

सहे आज यह मान तितिक्षा
क्षमा करो मेरी यह शिक्षा
हमीं गृहस्थ जनों की भिक्षा,
पालेगो संन्यासी!
आओ हो वनवासी!

मुझको सोती छोड़ गये हो,
पीठ फेर मुहं मोड़ गये हो,
तुम्हीं जोड़कर तोड़ गये हो,
साधु विराग-विलासी।
आओ हो वनवासी!

जल में शतदल तुल्य सरसते
तुम घर रहते, हम न तरसते
देखो, दो दो मेघ बरसते,
मैं प्यासो की प्यासी!
आओ हो वनवासी!

(गौतमी का प्रवेश)

गौतमी

मिल गया, मिल गया, मिल गया सहसा
उनका सन्धान आज, जिनके बिना यहाँ
खान-पान नीरस था, सोना बुरा स्वप्न था,
रोना ही रहा था हाय! जीवन मरण था।
तुम जड़ मूर्ति-सी भले ही स्तब्ध हो जाओ,
किन्तु नई चेतना से अङ्ग भरे पूरे हैं।
मैंने आज देखे अहा! अश्रु ऐसे होते हैं।
रुद्ध भी तुम्हारी गिरा जगती में गूँजी है,
देखो, यह सारी सृष्टि पुलकित हो गई!
जै जै अत्रभवति! हमारे भाग्य जागे हैं।

यशोधरा

मेरे भाग्य? गौतमि, वे संसृति के साथ हैं।
आलि, उन्हें सिद्धि तो मिली है? जिसके लिए
राज-ऋद्धि-वृद्धि के सुखों से मुहँ मोड़ के,
नाते जितने हैं जगती के, उन्हें तोड़ के,
इतना परिश्रम उन्होंने किया, साथ ही
सब कुछ मैंने लिया, अनुगति छोड़के!

गौतमी

सिद्धियाँ तो उनको पदों पर प्रणत हैं,

स्वामी आज आनन्दाग्रगामी शुद्ध बुद्ध हैं;
तप तथा त्याग तथागत के सफल हैं।

यशोधरा

गोपा गर्विणी है आज, आली, मुझे भेट ले,
आँसू दे रही हूँ, कह और क्या अदेय है?

गौतमी

मुक्ति भी सुलभ आज, कोई अब माँगे क्या?

यशोधरा

''लाभ से ही लोभ'', यह कैसी खरी बात है,
आली, कुछ और सुनने की चाह होती है।

गौतमी

कुछ व्यवसायी यहाँ आये हैं मगध से।
वे ही यह वृत्त लाये, लोचनों के ही नहीं,
श्रवणों के लाभ भी उन्होंने वहाँ पाये हैं।

यशोधरा

आलि, भला, ऐसा लाभ उनको यहाँ कहाँ?
किन्तु हम अपनी कृतज्ञता जनायँगे।
पहले मैं सुन लूँ, सुना तू, जो सुनाती थी।

गौतमी

वर्षों तक प्रभु ने तपस्या कर अन्त में,

सारे विघ्न पार किये, मार को हरा दिया।
अप्सराएँ उनको भला क्या भुला सकतीं?
जिनकी यशोधरा-सी साध्वी यहाँ बैठी है।
और, उन्हें कौन भय व्याप सकता था, जो;
ऐसा घर छोड़, घोर निशि में चले गये?

यशोधरा

यदि यह सत्य है तो मैं भी कृतकृत्य हूँ,
आज सुख से भी निज दुःख मुझे प्यारा है।
वार वार बीच में जो बोल उठती हूँ मैं,
उसको क्षमा कर तू आली, साँस लेती हूँ;
हर्ष की अधिकता भी भार बन जाती है!
आगे कह उनसे भी प्यारा वृत्त उनका।

गौतमी

अचल समाधि रही, बाधाएँ बिला गईं,
देवि, वह दिव्य दृष्टि पाकर ही वे उठे,
जिसमें समस्त लोक और तीनों काल भी
दर्पण में जैसे, उन्हें दीख पड़े; सृष्टि के
सारे भेद खुल गये, चेतन का, जड़ का,
कोई भी प्रकार-व्यवहार नहीं जा सका।
दुःख का निदान और उसकी चिकित्सा भी

ज्ञात हुई। जन्म तथा मृत्यु के रहस्य को
जानकर देव स्वयं जीवन्मुक्त हो गये।
और, धर्मचक्र के प्रवर्त्तन के साथ ही,
दूसरों को भी वे मुक्ति-मार्ग में लगा रहे।

यशोधरा

जय हो, सदैव आर्यपुत्र की विजय हो।
उनके करुण - धर्म - संग के शरण में
गोपा के लिए भी कहीं ठौर होगी या नहीं।
आली, उनकी जो दृष्टि सृष्टि-भेदिनी है, क्या
इस चिर किंकरी के ऊपर भी आयगी?
अब तक भी मैं यहाँ वंचिता हो क्यों रही?

गौतमी

किन्तु अब शीघ्र वह अवसर आवेगा,
जब, तुम उनके समीप बैठ उनसे,
विस्मय - विनोद से सुनोगी, जन्म जन्म की
अपनी कथाएं, और साथ साथ उनकी!

यशोधरा

सारी घटनाएँ वही जानें, किन्तु इतना
मैं भी भली भाँति जानती हूँ, जन्म जन्म में
आली, मैं उन्हींकी रही, वे भी जन्म जन्म में

मेरे रहे, तब तो मैं उनकी, वे मेरे हैं।
अब इतना ही मुझे पूछना है उनसे—
जो कुछ उन्होंने उस जन्म में मुझे दिया,
उसको मैं अब भी चुका सकी हूँ या नहीं ?

(दौड़ते हुए राहुल का प्रवेश)

राहुल

माँ, माँ, पिता प्राप्त हुए, देख तू ये दादाजी—
दादीजी-समेत हर्ष-विह्वल-से आ रहे !
अब तो न रोयगी तू ? अब भी तू रोती है !

यशोधरा

बेटा, और क्या करूँ ?

राहुल

बता दूँ ? चल शीघ्र ही
हम सब आगे बढ़ आप उन्हें लावेंगे।

(नेपथ्य में)

बेटी ! बहू !

यशोधरा

व्यग्र न हो राहुल ! वे आ गये !

राहुल

मैं तो चला, अम्ब सब वस्तुएँ सहेज लूँ,

जोड़ता रहा जो उन्हें देनें को, दिखानें को।

(प्रस्थान)

गौतमी

मैं भी चलूँ, उत्सव के आयोजन में लगूँ।

(प्रस्थान)

(शुद्धोदन और महाप्रजावती का प्रवेश)

यशोधरा

तात, अम्ब, गोपा चरणों में नत होती है।

दोनों

अक्षय सुहाग तेरा! व्रत भी सफल है।

शुद्धोदन

सावित्री-समान तेरे पुण्य से ही उसको
सिद्धि मिली।

महाप्रजावती

तेरा यह विषम वियोग भी
धन्य हुआ!

शुद्धोदन

उसने अपूर्व योग पाया है।
गोपा और गौतम का नाम भी जगत में
गौरी और शंकर-सा गण्य तथा गेय हो!

अब क्यों विलम्ब किया जाय बेटी, शीघ्र तू
प्रस्तुत हो। यह रहा मगध, समीप ही,
उसके लिए तो हम जगती के पार भी
जावें को उपस्थित हैं और उसे पाने को
जीवन भी देने को समुद्यत हैं—सर्वदा !

यशोधरा

किन्तु तात ! उनका निदेश बिना पाये मैं,
यह घर छोड़ कहाँ और कैसे जाऊँगी ?

महाप्रजावती

हाय बहू, अब भी निदेश की अपेक्षा है ?

शुद्धोदन

बेटी, इतना भी अधिकार क्या हमें नहीं ?

यशोधरा

मुझको कहाँ है ? मैं तुम्हारी नहीं, अपनी
बात कहती हूँ तात ! गोपा हतभागिनी !

महाप्रजावती

गोपे, हम अबलाजनों के लिए इतना
तेज—नहीं, दर्प—नहीं, साहस क्या ठीक है ?
स्वामी के समीप हमें जाने से स्वयं वही
रोक नहीं सकते हैं, स्वत्व आप अपना

त्याग कर बोल, भला तू क्या पायगी बहू ?

यशोधरा

उनका अभीष्ट मात्र ! और कुछ भी नहीं ।
हाय अम्ब ! आप मुझे छोड़कर वे गये,
जब उन्हें इष्ट होगा आप आके अथवा
मुझको बुलाके, चरणों में स्थान देंगे वे ।

महाप्रजावती

बाधा कौन-सी है तुझे आज वहाँ जानें में ?

यशोधरा

बाधा तो यही है मुझे बाधा नहीं कोई भी
विघ्न भी यही है, जहाँ जाने से जगत में
कोई मुझे रोक नहीं सकता है—धर्म से,
फिर भी जहाँ मैं, आप इच्छा रहते हुए,
जानें नहीं पाती ! यदि पाती तो कभी यहाँ
बैठी रहती मैं ? छान डालती धरित्री को ।
सिंहनी-सी काननों में, योगिनी-सी शैलों में,
शफरी - सी जल में, विहङ्गिनी-सी व्योम में,
जाती तभी और उन्हें खोजकर लाती मैं !
मेरा सुधा - सिन्धु मेरे सामने ही आज तो
लहरा रहा है, किन्तु पार पर मैं पड़ी

प्यासी मरती हूँ, हाय! इतना अभाग्य भी
भव में किसी का हुआ? कोई कहीं ज्ञाता हो,
तो मुझे बता दे हा! बता दे हा! बता दे हा!

(मूर्च्छा)

महाप्रजावती

मूर्च्छित है हाय! मेरी मानिनी यशोधरा।

(उपचार)

शुद्धोदन

बेटी, उठ, मैं भी तुझे छोड़ नहीं जाऊँगा।
तेरे अश्रु लेकर ही मुक्ति-मुक्ता छोड़ूँगा।
तेरे अर्थ ही तो मुझे उसकी अपेक्षा है!
गोपा-विना गौतम भी ग्राह्य नहीं मुझको!
जाओ, अरे, कोई उस निर्मम से यों कहो—
झूठे सब नाते सही, तू तो जीव मात्र का,
जीव-दया-भाव से ही हमको उबार जा!

यशोधरा

१

क्या देकर मैं तुमको लूँगी ?
देते हो तुम मुक्ति जगत को,
प्रभो, तुम्हें मैं बन्धन दूँगी !

बाँध बद्ध हो तुम्हें न लाते,
तो क्या तुम इस भू पर आते ?
निर्गुण के गुण गाते गाते;
हुई गभीर गिरा भी गूँगी।
क्या देकर मैं तुमको लूँगी ?

पर मैं स्वागत-गान करूँगी,
पाद-पद्म-मधु-पान करूँगी,
इतना ही अभिमान करूँगी—
तुम होगे तो मैं भी हूँगी ?
क्या देकर मैं तुमको लूँगी ?

२

प्रिय, क्या भेंट धरूँगी मैं ?
यह नश्वर तनु लेकर कैसे
स्वागत सिद्ध करूँगी मैं ?

नश्वर तनु पर धूल ! किन्तु हाँ, उन्हीं पदों की धूल ,
कर्म - बीज जो रहें मूल में, उनके सब फल - फूल—
अर्पण कर उबरूँगी मैं।
प्रिय, क्या भेंट धरूँगी मैं ?

जीवन्मुक्त भाव से तुमने किया अमर - पद - लाभ ,
पर उस अमरमूर्ति के आगे ओ मेरे अमिताभ !
सौ सौ वार मरूँगी मैं!
प्रिय क्या भेंट धरूँगी मैं ?

३

तुच्छ न समझो मुझको नाथ,
अमृत तुम्हारी अञ्जलि में तो भोजन मेरे हाथ।

तुल्य दृष्टि यदि तुमने पाई,
तो हममें ही सृष्टि समाई!
स्वयं स्वजनता में वह आई,
देकर हम स्वजनों का साथ।
तुच्छ न समझो मुझको नाथ।

ममता को लेकर ही समता,
ममता में है मेरी क्षमता,
फिर क्यों अब यह विरह विषमता?
क्यों अपेय इस पथ का पाथ?
तुच्छ न समझो मुझको नाथ।

४

देकर क्या पाऊंगी तुम्हें मैं, कहो, मेरे देव,
लेकर क्या सम्मुख तुम्हारे, अहो! आऊँगी?
मानस में रस है परन्तु उसमें है क्षार,
बस में यही है बस आखें भर लाऊँगी!
धव, तुम उद्धव-समान यदि आयें यहाँ,
एक नवता-सी मैं उसीमें फब जाऊँगी,
मेरे प्रतिपाल, तुम प्रलय-समान आये,
तो भी मैं, तुम्हींमें, हाल, बेला-सी बिलाऊँगी!

९

लूँगी क्या तुमको रोकर ही ?
मेरे नाथ, रहे तुम नर से नारायण होकर ही !

उस समाधि-बल की बलिहारी,
अच्छी मैं नारी की नारी।
पूजा तो कर सकूँ तुम्हारी,
धुलूँ चरण धोकर ही।
लूँगी क्या तुमको रोकर ही ?

वह मेरी जनता ही होगी,
स्वयं जनार्दन जिसके भोगी।
आओ हे अनुपम उद्योगी,
पाऊँ सुध खोकर ही !
लूँगी क्या तुमको रोकर ही ?

यदि प्रभुत्व है तुममें आया,
तो मैंने भी प्रभु को पाया।
लिया मिलन-फल यह मनभाया,
विरह-बीज बोकर ही !
लूँगी क्या तुमको रोकर ही ?

९

फिर भी नाथ न आये !
लेने गये हाय ! जो उनको, वे भी लौट न पाये।

रहे न हम सब आज कहीं के,
वहाँ गये सो हुए वहीं के !
माया, तेरे भाव यहीं के,
वहाँ उन्हें क्यों भाये ?
फिर भी नाथ न आयें !

निज हैं उन्हें अन्य जन सारे,
भव पर विभव उन्होंने वारे।
पर हा ! उलटे भाग्य हमारे,
निज भी हुए पराये।
फिर भी नाथ न आये !

इतने पर भी यहाँ जियूं मैं,
अमृत पियें वे, अश्रु पियूं मैं !
अपनी कन्था आप सियूं मैं,
अपनापन अपनायें।
फिर भी नाथ न आये !

७

अब भी समय नहीं आया ?
कब तक करे प्रतीक्षा काया, जिये कहाँ तक जाया ?

होती है मुझको यह शंका, क्षमा करो हे नाथ,
समय तुम्हारे साथ नहीं क्या, तुम्हीं समय के साथ ?
कहाँ योग मनभाया ?
अब भी समय नहीं आया ?

तुम स्वच्छन्द, यहाँ आने में होगा क्या यति भंग ?
अपना यह प्रबन्ध भी देखो—अग्नि-सलिल का संग ?
मैंने तो रस पाया !
अब भी समय नहीं आया ?

८

आलो, पुरवाई तो आई, पर वह घटा न छाई,
खोल चंचु-पुट चातक, तूनें ग्रीवा वृथा उठाई।
उठकर गिरा शिखण्ड, शिखी नें गति न गिरा कुछ पाई,
स्वयं प्रकृति ही विकृति बने तब किसका वश है माई!
किन्तु प्रकृति के पीछे भी तो पुरुष एक है न्यायी,
आशा रक्खो, आशा रक्खो, आशा रक्खो भाई!

९

सोने का संसार मिला मिट्टी में मेरा,
इसमें भी भगवान, भेद होगा कुछ तेरा।
देखूं मैं किस भाँति, आज छा रहा अँधेरा,
फिर भी स्थिर है जीव किसी प्रत्यय का प्रेरा।
तेरी करुणा का एक कण
बरस पड़े अब भी कहीं,
तो ऐसा फल है कौन, जो
मिट्टी में फलता नहीं?

राहुल-जननी

यशोधरा

(गान)

भले हो मार्ग दिखाओ लोक को ,
गृह - मार्ग न भूलो हाय !
तजो हो प्रियतम ! उस आलोक को ,
जो पर ही पर दरसाय ।

(राहुल का प्रवेश)

राहुल

अम्ब, यह दिन भी प्रतीक्षा में चला गया ,
कोई समाचार नहीं आया उनका नया ।
कौन जानें, जायगा न यों ही दिन दूसरा ,
आई तुझ-सी ही यह सन्ध्या धूलि - धूसरा !
देख, वे दो तारे शून्य नभ में हैं झलके ,
गैरिकदुकूलिनो, ज्यों तेरे अश्रु छलके !

यशोधरा

किन्तु बेटा, तुझ-सा सुधांशु मेरी गोद में ;
लाल, निज काल काट लूँगी मैं विनोद में।

राहुल

जननि, न जानें मन कैसा हुआ जाता है ;
शून्य उदासीन भाव उमड़ा-सा आता है !
तात के समीप चला जाऊँ बने जैसे मैं ;
किन्तु तुझे छोड़ ऐसे जाऊं भला कैसे मैं ?

यशोधरा

बेटा, मुझे छोड़ गये तेरे तात कब के,
तू भी छोड़ जायगा क्या दुःखिनी को अब के ?
तेरे सुख में ही सदा मेरा परितोष है,
तेरे नहीं, मेरे लिए मेरा भाग्य-दोष है।
किन्तु जो जो लेने गये, वे रम गये वहीं,
एक भी तो लौट कर आया है यहाँ नहीं।

राहुल

मैं हूँ एक, लाकर उन्हें भी लौट आऊं जो,
किन्तु कैसे जाऊँ तुझे छोड़ जाने पाऊँ जो !
मेरा ब्याह कर दे माँ ! मेरी बहू आयगी,
पाकर उसे तू कुछ तोष तो भी पायगी।

यशोधरा

और मेरी चिन्ता छोड़ जायगा तू चाव से ?
हाय ! मैं हंसूं या आज रोऊं इस भाव से ?
मुझ-सी न रोयगी क्या तेरे बिना वह भी ?

राहुल

ओहो ! एक नूतन विपत्ति होगी यह भी !
सचमुच ! ध्यान ही न आया मुझे इसका !
झेल सके तुझ-सा जो, ऐसा प्राण किसका ?
बालिका बराकी वह कैसे सह पायगी ?
जल हिमबालुका-सी पल में बिलायगी !
मुझको प्रतीति हुई आज इस बात की,
मैं वर बनूं तो मुझे हत्या वधू-घात की।

यशोधरा

पाप शान्त ! पाप शान्त ! बेटा यह क्या किया ?
एक नया सोच और तूने मुझको दिया।

राहुल

माँ, माँ, क्षमा करदे माँ, दुःख जो हुआ तुझे ;
तेरी दशा सोच यही कहना पड़ा मुझे।
मैं क्या करूं ? कोई युक्ति मेरी नहीं चलती ;
तेरी हठशीलता ही अन्त में है खलती।

खो दिया सुयोग स्वयं, चूकी हाय अम्ब, तू ;
पाकर भी पा न सकी निज अवलम्ब तू।

यशोधरा

राहुल, सुयोग का भी एक योग होता है ;
भोगना ही पड़ता है, जो जो भोग होता है !

राहुल

खेद नहीं अपने किये पर क्या अब भी ?

यशोधरा

खेद क्यों करूँगी वत्स ! दुःख मुझे तब भी।

राहुल

आप ही लिया है यह दुःख तूने, आप ही !
अच्छा लगता है माँ, तुझे क्यों घोर ताप ही ?

यशोधरा

घोर तपस्ताप तेरे तात ने है क्यों सहा ?
तू भी अनुशीलन का श्रम क्यों उठा रहा ?

राहुल

तात को मिली है सिद्धि, पा रहा हूँ बुद्धि मैं।

यशोधरा

लाभ करती हूँ इसी भाँति आत्मशुद्धि मैं।
पाप नहीं, किन्तु पुण्यताप मेरा संगी है,

मरण-प्रसंग में यही तो एक अंगी है !
त्राण मिलता है मुझे तात ! निज पीड़ा में ;
प्राण मिलता है तुझे जैसे मल्ल-क्रीड़ा में।
दुःख से भी जाऊँ ? मुझे उससे है ममता ;
बढ़ती है जिससे सहानुभूति - समता।

राहुल

कह फिर दुःख से क्यों रह रह रोती है ?

यशोधरा

और क्या कहूँ मैं, मुझे इच्छा यही होती है !

राहुल

अच्छी नहीं, अम्ब, यह इच्छा की अधीनता ,
और परिणाम जिसका हो हीन-दीनता।
तू ही बता, धर्म क्या नहीं है यही जन का—
शासित न होकर माँ, शासक हो मन का।

यशोधरा

यह जन शासक न होता मन का यहाँ
तात ! तो चला न जाता, धन उसका जहाँ ?
भार रखती हूँ उस शासन का जब मैं,
हलकी न होऊँ नेंक रोकर भी तब मैं ?
चपल तुरङ्ग को कशा ही नहीं मारते,

हाथ फेर अन्त में उसे हैं पुचकारते।
रखती हूँ मन को दबाकर ही सर्वदा,
साँस भी न लेने दूँ उसे क्या मैं यदा कदा ?
कण्ठ जब रुँधता है, तब कुछ रोती हूँ,
होंगे गत जन्म के ही मैल, उन्हें धोती हूँ।
शोक के समान हम हर्ष में भी रोते हैं,
अश्रुतीर्थ में ही सुख-दुःख एक होते हैं !
रोती हूँ, परन्तु क्या किसीका कुछ लेती हूँ ?
नीरस रसा न हो, मैं नीर ही तो देती हूँ।

राहुल

भूलती है मुझको भी तू जिनके ध्यान में ;
पाकर उन्हींको छोड़ बैठी किस भान में ?
लाख लाख भाँति मुझे बहुधा मनाती है,
और निज देव पर दर्प तू जनाती है !
कैसी यह आन-बान, भीतर है मरती,
बाहर से फिर भी तू मिथ्या मान करती !

यशोधरा

तुझको मनाना पड़ता है, तू अजान है ;
प्रभु के निकट ही तो मूल्य पाता मान है।

रुष्ट न हो, मैं नहीं हूँ वत्स, मिथ्याचारिणी,
दीना नहीं, दुःखिनी हूँ, तो भी धर्मधारिणी।

राहुल

कैसा धर्म? तात ने क्या रोक दिया आने से?—
नाहीं कर बैठी स्वयं जो तू वहाँ जाने से?

यशोधरा

राहुल, न पूछ यह बात बेटा, मुझसे,
ठहर, कहेगी कभी तेरी बहू तुझसे।

राहुल

आह! फिर मेरो बहू? चाहे रहे तुतली,
किन्तु तेरे ज्ञान को वही है एक पुतली!
मेरे लिए अम्ब, बन बैठी तू पहेली है,
झूठी कल्पना ही आज जिसकी सहेली है!

यशोधरा

कल्पना भी सत्य हो, कृतित्व तभी अपना,
सच्चा करनें के लिए बेटा, देख सपना!

राहुल

मैं तो यही देखता हूँ—तात नहीं आये हैं।

यशोधरा

आयंगे वे, आशा हम उनकी लगाये हैं।

(नेपथ्य में)

आ रहे हैं, आ रहे हैं, धन्य भाग्य सबके !

यशोधरा

एवमस्तु, एवमस्तु, निश्चय हो अब के—

राहुल

माँ, क्या पिता आ रहे हैं ?

यशोधरा

बेटा, यह सुन ले ,

जो जो तुझे चाहिए, उसे आ, आज चुन ले ।

यशोधरा

१

रे मन, आज परीक्षा तेरी।
विनती करती हूँ मैं तुझसे, बात न बिगड़े मेरी।

अब तक जो तेरा निग्रह था,
बस अभाव के कारण वह था।
लोभ न था, जब लाभ न यह था;
सुन अब स्वागत-भेरी!
रे मन, आज परीक्षा तेरी।

दो पग आगे ही वह घन है,
अवलम्बित जिस पर जीवन है।
पर क्या पथ पाता यह जन है?
मैं हूँ और अँधेरी।
रे मन, आज परीक्षा तेरी।

यदि वे चल आये हैं इतना,
तो दो पद उनको है कितना?
क्या भारी वह, मुझको जितना?
पीठ उन्होंने फेरी।
रे मन, आज परीक्षा तेरी।

सब अपना सौभाग्य मनावें,
दरस-परस, निःश्रेयस पावें।
उद्धारक चाहें तो आवें,
यहीं रहे यह चेरी।
रे मन, आज परीक्षा तेरी।

२

शेष की पूर्ति यही क्या आज ?
भिक्षुक बनकर घर लौटे हैं कपिलनगर-नरराज !

राजभोग से तृप्त न होकर मानो वे इस बार,
हाथ पसार रहे हैं जाकर जिसके-तिसके द्वार !
छोड़कर निज कुल और समाज ।
शेष की पूर्ति यही क्या आज ?

हाय नाथ ! इतने भूखे थे, धीरज रहा न और ?
पर कब की प्यासी यह दासी बैठी है इस ठौर—
तुम्हारी—अपनी लेकर लाज ।
शेष की पूर्ति यही क्या आज ?

स्वयं दान कर सकते हैं जो माँगें वे यों भीख !
राहुल को देने आये हो आज कौन-सी सीख ?
गिरे गोपा के ऊपर गाज !
शेष की पूर्ति यही क्या आज ?

३

प्रभु उस अजिर में आगये, तुम कक्ष में अब भी यहाँ ?
हे देवि, देह धरे हुए अपवर्ग उतरा है वहाँ।

सखि, किन्तु इस हतभागिनी को ठौर हाय ! वहाँ कहाँ ?
गोपा वहीं है, छोड़कर उसको गये थे वे जहाँ।

बुद्धदेव

१

"आ गये अम्ब, देख ये तात ;
शान्त हों अब सारे उत्पात ।

ले, अब तो रह गई 'गर्विणी-गोपा' की वह लाज !
जितना रोना हो तू रो ले इनके आगे आज ।
ओस तू, तो ये स्वयं प्रभात !
शान्त हों अब सारे उत्पात ।

माँ, तेरे अञ्चल-जैसी हो इनकी छाया धन्य,
पर इनका आलोक देख तो, कैसा अतुल अनन्य !
कौन आभा इतनी अवदात ?
शान्त हों अब सारे उत्पात ।

तात ! तुम्हारा तप मुखरित है, माँ का नीरव मात्र,
पर अथाह पानी रखता है यह सूखा-सा गात्र।
नहीं क्या यह विस्मय की बात ?
शान्त हों अब सारे उत्पात।

तुमको सिद्धि मिली है तप से, हुआ इसे क्या लाभ ?"
"वत्स ! इष्ट क्या और इसे अब, आया जब अमिताभ ?
प्रथम ही पाया तुझ-सा जात !
शान्त हों अब सारे उत्पात।"

२

मानिनि, मान तजो लो, रही तुम्हारी आन !
दानिनि, आया स्वयं द्वार पर यह तव तत्रभवान !

किसकी भिक्षा न लूँ, कहो मैं ? मुझको सभी समान,
अपनाने के योग्य वही तो जो हैं आर्त्त - अजान।

राजभवन के भोगों में था दुर्लभ वह जलपान,
किया राम ने गुह-शवरी से जिसका स्वाद बखान।

शिक्षा के बदले भिक्षा भी दे न सकें प्रतिदान,
तो फिर कहो, उऋण हों कैसे वे लघु और महान ?

माना, दुर्बल ही था गौतम छिपकर गया निदान,
किन्तु शुभे, परिणाम भला ही हुआ, सुधा-सन्धान।

क्षमा करो सिद्धार्थ शाक्य की निर्दयता प्रिय जान,
मैत्री - करुणा - पूर्ण आज वह शुद्ध बुद्ध भगवान।

यशोधरा

पधारो, भव भव के भगवान !
रख लो मेरी लज्जा तुमने, आओ अत्रभवान !

नाथ, विजय है यही तुम्हारी,
दिया तुच्छ को गौरव भारी।
अपनाई मुझ-सी लघु नारी,
होकर महा महान !
पधारो, भव भव के भगवान !

मैं थी सन्ध्या का पथ हेरे,
आ पहुँचे तुम सहज सबेरे।
धन्य कपाट खुले ये मेरे !
दूँ अब क्या नव-दान ?
पधारो, भव भव के भगवान !

मेरे स्वप्न आज ये जागे,
अब वे उपालम्भ क्यों भागे?
पाकर भी अपना धन आगे,
भूली-सी मैं भान।
पधारो, भव भव के भगवान!

दृष्टि इधर जो तुमने फेरी,
स्वयं शान्त जिज्ञासा मेरी।
भय-संशय की मिटी अँधेरी,
इस आभा की आन!
पधारो, भव भव के भगवान!

यही प्रणति उन्नति है मेरी,
हुई प्रणय की परिणति मेरी,
मिली आज मुझको गति मेरी,
क्यों न करूँ अभिमान?
पधारो, भव भव के भगवान!

पुलक पक्ष्म परिगीत हुए ये,
पद-रज पोंछ पुनीत हुए ये!
रोम रोम शुचि-शीत हुए ये,
पाकर पर्वस्नान।
पधारो, भव भव के भगवान!

इन अधरों के भाग्य जगाऊँ;
उन गुल्फों की मुहर लगाऊँ!
गई वेदना, अब क्या गाऊँ?
मग्न हुई मुसकान।
पधारो, भव भव के भगवान!

कर रक्खा, यह कृपा तुम्हारी;
मैं पद-पद्मों पर ही वारी।
चरणामृत करके ये खारी
अश्रु करूँ अब पान।
पधारो, भव भव के भगवान!

बुद्धदेव

दीन न हो गोपे, सुनो, हीन नहीं नारी कभी,
भूत - दया - मूर्ति वह मन से, शरीर से,
क्षीण हुआ वन में क्षुधा से मैं विशेष जब,
मुझको बचाया मातृजाति ने ही खीर से।
आया जब मार मुझे मारने को बार बार
अप्सरा - अनीकिनी सजाये हेम - हीर से।
तुम तो यहाँ थीं, धीर ध्यान ही तुम्हारा वहाँ
जूझा, मुझे पीछे कर, पंचशर वीर से।

मेरे निकट तुम्हारी
तुलना में अन्य कौन सुकुमारी?
समझ सकी क्या यह भी
बुद्धि गई मार की मारी!

अन्तिम अस्त्र, तुम्हारा रूप धरे एक अप्सरा आई,
किन्तु बराकी अपनी प्रवृत्ति पर आप काँप सकुचाई!

सुना था कलकण्ठी से ही कहीं
मैंने मन का यह मन्त्र—
तनें, पर इतना, जो टूटे नहीं
तन्त्री, तेरा वह तन्त्र !

बतलाऊँ मैं क्या अधिक तुम्हें तुम्हारा कर्म,
पाला है तुमने जिसे, वही बधू का धर्म ।

यशोधरा

कृतकृत्य हुई गोपा,
पाया यह योग, भोग, अब जा तू,
आ राहुल, बढ़ बेटा,
पूज्य पिता से परम्परा पा तू ।

राहुल

तात, पैतृक दाय दो, निज शील सिखलाओ मुझे,
प्रणत हूँ मैं इन पदों में, मार्ग दिखलाओ मुझे,
असत से सत में, तिमिर से ज्योति में लाओ मुझे,
मृत्यु से तुम अमृत में हे पूज्य, पहुँचाओ मुझे ।

तमसो मा ज्योतिर्गमय,
असतो मा सद्गमय,
मृत्योर्माऽमृतं गमय ।

बुद्धदेव

मैं भी कृतकृत्य आज वीर वत्स, आ तू।
स्वाधिकार भागी बन भूरि भूरि भा तू।
सत्प्रकाश और अमृत एक साथ पा तू,
बुद्ध-शरण, धर्म-शरण, संघ-शरण जा तू।

राहुल

बुद्धं शरणं गच्छामि,
धर्मं शरणं गच्छामि।
संघं शरणं गच्छामि।

यशोधरा

तुम भिक्षुक बनकर आये थे, गोपा क्या देती स्वामी?
था अनुरूप एक राहुल ही, रहे सदा यह अनुगामी।
मेरे दुख में भरा विश्वसुख, क्यों न भरूं फिर मैं हामी!
बुद्धं शरणं, धर्मं शरणं, संघं शरणं गच्छामिऽ।